张宇燕 宋 泓 等著

LMC

澜湄沿线六国
经济发展与
纺织服装业价值链

中国社会科学出版社

图书在版编目(CIP)数据

澜湄沿线六国经济发展与纺织服装业价值链/张宇燕等著．—北京：
中国社会科学出版社，2020.9
ISBN 978 - 7 - 5203 - 7263 - 3

Ⅰ.①澜…　Ⅱ.①张…　Ⅲ.①纺织工业—对外经济合作—研究—
中国、东南亚　Ⅳ.①F416.81②F125.4

中国版本图书馆 CIP 数据核字(2020)第 180229 号

出 版 人	赵剑英
责任编辑	范晨星
责任校对	杨　林
责任印制	王　超

出　　版	中国社会科学出版社
社　　址	北京鼓楼西大街甲 158 号
邮　　编	100720
网　　址	http://www.csspw.cn
发 行 部	010 - 84083685
门 市 部	010 - 84029450
经　　销	新华书店及其他书店

印　　刷	北京君升印刷有限公司
装　　订	廊坊市广阳区广增装订厂
版　　次	2020 年 9 月第 1 版
印　　次	2020 年 9 月第 1 次印刷

开　　本	710×1000　1/16
印　　张	15.75
插　　页	2
字　　数	228 千字
定　　价	89.00 元

凡购买中国社会科学出版社图书,如有质量问题请与本社营销中心联系调换
电话:010 - 84083683

澜湄沿线六国经济发展与纺织服装业价值链
项目负责人和成员

负 责 人

张宇燕　中国社会科学院学部委员，世界经济与政治研究所所长，研究员

中 国 团 队

宋　泓　中国社会科学院世界经济与政治研究所副所长，研究员

东　艳　世界经济与政治研究所国际贸易研究室主任，研究员

倪月菊　世界经济与政治研究所国际贸易研究室，研究员

马　涛　世界经济与政治研究所国际政治经济学研究室副主任，副研究员

高凌云　世界经济与政治研究所国际投资研究室副主任，研究员

苏庆义　世界经济与政治研究所国际贸易研究室副主任，副研究员

张　琳　世界经济与政治研究所国际贸易研究室，助理研究员

李春顶　中国农业大学经济管理学院经济贸易系主任，教授

梁晓晖　中国纺织信息中心副总经济师、中国纺织工业联合会社会责任办公室首席研究员

柬埔寨团队

Ven Seyhah　柬埔寨发展资源研究所副研究员

老 挝 团 队

Viengsavang Thipphavong　老挝工业和贸易经济研究所副所长

Somdeth Bodhisane　老挝工业和贸易经济研究所研究人员

缅 甸 团 队

Khin Maung Nyo　缅甸战略和国际研究所资深研究员

Tin Tin Wai　蒙育瓦经济大学应用经济系主任、教授

泰 国 团 队

Siwat Luangsomboon　泰国开泰研究中心主任助理

Rujipun Assarat　泰国开泰研究中心博士

Lalita Thienprasiddhi　泰国开泰研究中心博士

Kesinee Sasitorn　泰国开泰研究中心女士

越 南 团 队

Vo Thi Minh Le　越南社会科学院世界经济与政治研究所大湄公河次区域合作研究中心主任

Nguyen Thi Hong Nga　越南社会科学院世界经济与政治研究所国际安全与战略研究室助理研究员

序　言

　　本书是中国社会科学院世界经济与政治研究所承担的外交部2017年澜沧江—湄公河合作专项基金项目的成果。除中文著作外，本项目还会出版相应的英文著作。为落实习近平主席提出的建设亚洲命运共同体倡议，促进澜湄沿线国家的发展与繁荣，2014年11月，李克强总理在第17次中国—东盟领导人会议上倡议建立"澜沧江—湄公河合作机制"，参与成员包括中国、柬埔寨、老挝、缅甸、泰国、越南。澜湄合作机制建立以来，取得了丰硕成果，成为次区域合作新典范。中国外交部专门为此设立澜沧江—湄公河合作中国秘书处，秘书处设立澜沧江—湄公河合作专项基金，用于支持澜沧江—湄公河合作领域的实践和研究项目。2017年，世界经济与政治研究所申报的研究项目"纺织业价值链与澜湄沿线六国经济发展"获得该基金的支持。本书出版时，对项目名称和书名略作调整。

　　本项目不拘泥于传统的研究方式，采取国际会议、实地调研、国际合作研究相结合的方式。世界经济与政治研究所的研究团队在研究过程中通过举办国际会议、出访调研深入了解澜湄国家纺织服装业价值链发展情况，并将此吸纳进本书内容中。本项目承担的三次国际会议分别是中国社会科学院第八届亚洲研究论坛"澜沧江—湄公河合作与区域纺织业价值链发展"、项目中期研讨会和结项会。三次会议均邀请了澜湄国家的专家学者参会。研究团队还分四批走访了柬埔寨、老挝、缅甸、泰国、越南五个澜湄国家，共访谈澜湄五国政府部门、企业、研究机构等30余家单位。

　　本项目的研究还突出了国际合作特色。世界经济与政治研究所在推进项目过程中，委托其他五个澜湄国家的智库或研究机构进行联合研究，构建起澜湄国家智库网络。这五个国家的研究机构均是当地知名的智库或大学，包括柬埔寨发展资源研究所、老挝工业和贸易经济研究所、缅甸蒙育瓦经济大学、缅甸战略和国际问题研究所、泰国开泰研究中心、越南社会科学院世界经济与政治研究所。这些研究机构承担了相应国家的国别报告写作，同时为世界经济与政治研究所在这些国家的调研提供了帮助。最后呈现的国别报告均采取了世界经济与政治研究所设计的较为一致的写作框架。

　　世界经济与政治研究所的研究团队负责统筹整个项目，并撰写了本书的主报告、中国国别报告。张宇燕是项目总负责人，宋泓具体统筹整个项目。本书主报告由张宇燕、宋泓、倪月菊、高凌云、苏庆义、张琳写作，东艳、马涛、李春顶参与了讨论。宋泓还撰写了中国的国别报告。在其他五个澜湄国家国别报告写作过程中，苏庆义、高凌云、李春顶、马涛、张琳等分别负责与其中一个国家的作者进行沟通，确定最终的稿件，并负责校对了本书的中文翻译稿。在项目执行和本书出版过程中，苏庆义做了大量协调工作，倪月菊、东艳、张琳等在项目协调、会议举办和财务管理等方面做了许多工作。

　　我们感谢项目委托方外交部澜沧江—湄公河合作中国秘书处，尤其是秘书处负责人季凌鹏处长。在项目的设计、国际会议、调研、写作等各个过程中，季处均给予大力支持。这使得本项目能够顺利开展和结项，研究成果得到委托方的高度评价。中国纺织工业联合会社会责任办公室首席研究员梁晓晖博士参与了本项目，在国际会议、实地调研等方面给予了支持。澜湄五个国家的合作方在本项目的国际会议、实地调研和写作过程中，负责任地积极参与其中，尤其是柬埔寨发展资源研究所的 Phalla Chem、老挝工业和贸易经济研究所的 Viengsavang Thipphavong、缅甸战略和国际问题研究所的 Khin Maung Nyo、越南社会科学院世界经济与政治研究所的 Nguyen Binh Giang 大力支持了本项目。中国社会科学院研究生院朱铭铮同学在本书编辑过程中协助进行了统稿工作。中国社会科学出版社的王茵副总编辑积极推动本书的出版工作，本书编辑范晨星出色地完成了编辑工作。在此一并致谢！

产能合作是澜湄合作的重要内容，本书专门聚焦纺织服装业合作，为深入认识、推进澜湄国家在特定产业的产能合作提供了研究支撑。这一研究走出了宏观研究视角，更加具体、接地气，也更具实践价值。本研究也存在一些不足之处，欢迎同行提出批评意见，与我们交流。

张宇燕 宋 泓

目　　录

前　言 ……………………………………………………………（1）

第一章　主报告 ……………………………………………………（1）
　　第一节　澜湄地区加强纺织服装产业合作的重要性 ………（2）
　　第二节　澜湄地区发展纺织服装业合作的独特优势 ………（6）
　　第三节　澜湄地区纺织服装产业发展现状 …………………（17）
　　第四节　澜湄地区各国纺织服装产业的定位 ………………（25）
　　第五节　政策建议 ……………………………………………（34）
　　第六节　结论 …………………………………………………（39）

第二章　柬埔寨 ……………………………………………………（41）
　　引　言 …………………………………………………………（41）
　　第一节　柬埔寨纺织业价值链发展状况 ……………………（41）
　　第二节　柬埔寨纺织服装业对国际合作和澜湄合作的
　　　　　　参与 …………………………………………………（48）
　　第三节　柬埔寨纺织服装业参与澜湄合作存在的
　　　　　　优势和劣势 …………………………………………（55）
　　第四节　发展潜力和合作策略 ………………………………（66）
　　附　录 …………………………………………………………（71）

第三章　中国 ………………………………………………………（75）
　　第一节　中国纺织服装产业的发展 …………………………（75）

第二节　中国纺织服装产业参与全球价值链（GVCs）的
　　　　情况 ……………………………………………（79）

第三节　中国纺织服装企业参与澜沧江—湄公河流域
　　　　区域价值链的情况 ……………………………（88）

第四章　老挝 ……………………………………………………（93）

第一节　老挝纺织服装业价值链发展状况：国内
　　　　视角 ……………………………………………（93）

第二节　老挝服装业对国际合作和澜湄合作的
　　　　参与 ……………………………………………（103）

第三节　老挝纺织服装业参与澜湄合作存在的
　　　　优劣势 …………………………………………（111）

第四节　政策建议 ………………………………………（119）

第五章　缅甸 ……………………………………………………（122）

第一节　缅甸的纺织服装业和价值链发展 ……………（122）

第二节　缅甸纺织业对全球价值链的参与 ……………（127）

第三节　缅甸纺织业的优势和劣势 ……………………（138）

第四节　政策建议 ………………………………………（143）

第六章　泰国 ……………………………………………………（147）

第一节　泰国国内情况 …………………………………（147）

第二节　泰国纺织服装业参与国际合作和澜湄合作的
　　　　情况 ……………………………………………（154）

第三节　泰国纺织服装业在澜湄国家中的优劣势 ………（161）

第四节　建议 ……………………………………………（172）

第七章　越南 ……………………………………………………（181）

第一节　越南纺织服装业概况 …………………………（181）

第二节　越南纺织服装业在全球价值链中的位置 ……… （190）

第三节　越南纺织服装业参与澜湄合作的情况 ………… （209）

第四节　政策建议 …………………………………… （224）

参考文献 ……………………………………………… （229）

前　　言

一江春水将澜沧江—湄公河地区（以下简称澜湄地区）的沿线六国联系在一起。优越的地缘优势、相似的文化背景及相对紧密的经贸关系，使其有望成为新型次区域合作的示范窗口。为进一步推进澜湄地区产能合作向更高、更好的方向发展，本书以纺织业价值链为切入点，通过对澜湄地区纺织服装产业合作发展现状的梳理和总结，为促进该地区经贸合作的进一步发展提供有力的理论支撑和政策建议，对于探索区域产业转型升级和价值链攀升路径，具有重要的现实意义。

一　纺织服装业价值链发展的一般规律

纺织服装业是传统劳动密集型产业、重要的民生产业。发展纺织服装业是大多数发展中国家走向工业化的最佳选择，是发展中国家融入世界经济和本国经济起飞的"垫脚石"。

从国际经验看，纺织服装业的壮大发展与一国的经济发展阶段紧密相连。当一国和地区的实际人均 GDP 小于 3000/4000 美元（属于低收入经济体）时，纺织服装业拥有较好的发展空间，处于行业发展的黄金期，具备加速扩张的潜力；当一国和地区的实际人均 GDP 处于 4000—10000 美元（属于中等偏上收入经济体）时，纺织服装业已处于成熟期，技术、资金、创新等要素成为更加重要的竞争优势；当一国和地区为发达经济体时，纺织服装业的生产环节会进入衰退萎缩期，生产规模大幅下降，进口增多，更加依靠品牌、市场、设计、研发等高附加值环节。

澜湄国家均属发展中国家。老挝、越南、柬埔寨和缅甸四国的人均名义 GDP 均低于 3000 美元，正处于纺织服装业加速发展阶段，具有较大的发展潜力和动力。纺织服装业对促进四国经济增长、加速工业化进程，发挥着不可替代的重要作用。中国和泰国属于中等偏上收入国家，劳动密集型的服装业发展增速开始放缓，发展重点放在资本和技术密集型的纺织产业，并开始向品牌、设计等高附加值领域进军。纺织服装产业依然在两国经济发展中发挥着重要作用。

二 澜湄地区发展纺织服装业的独特优势

当前，全球纺织服装业生产格局正处于大调整阶段。劳动密集型和处于价值链低端的纺织服装加工环节逐渐向东南亚、南亚及非洲等劳动力成本低廉并享受优惠贸易政策安排的地区转移。通过与其他东南亚国家、南亚国家和非洲国家的基础条件和政策性因素等的横向比较，我们可以发现澜湄地区纺织服装业发展的独特竞争优势。

与其他东盟五国相比，澜湄多数国家正处于向中高等收入迈进的历史发展阶段，劳动力充足且成本低廉，纺织服装业具有较大的发展空间。澜湄地区纺织服装业的区域生产网络已初步形成并逐步深化，与非洲地区相比，具有较强的产业合作基础。澜湄国家不仅有产业发展规划和相应产业支持政策，劳动力素质也较高，生产效率明显高于南亚地区和非洲地区。同时，泰国、越南等澜湄国家的基础设施条件良好，电力保障和物流交通也同样优于南亚地区和非洲地区。人民勤劳朴实、文化同源同宗、政局稳定构成了澜湄国家良好的投资环境，也成为澜湄地区纺织服装业发展的独特优势。

三 澜湄地区纺织服装产业价值链的发展现状

澜湄六国纺织服装贸易在全球纺织服装贸易中占据重要位置。

纺织服装产品出口占世界纺织服装出口总额的比重超过40%，表明纺织服装是澜湄国家具有比较优势的产业。其中，出口产品以服装为主，进口产品以纺织原料为主，表明澜湄地区在全球纺织服装产业链中是重要的生产基地，利用进口的纺织原料生产服装产品并出口到其他国家。

从澜湄六国参与纺织服装产业价值链的情况看，在澜湄地区参与纺织服装产业链程度越高的国家，也更有能力在更高程度上参与到全球纺织服装产业链中。对于参与纺织服装产业链的程度来讲，全球分工相比区域分工具有放大效应。

纺织原料、纺织制品和服装产品分别对应纺织服装产业的上游、中游和下游生产环节，纺织原料、纺织制品和服装产品的出口比重反映了各国在纺织服装产业链上的位置。从全球层面看，除泰国处于中游位置外，其余澜湄国家均处于下游位置。从澜湄地区层面看，越南、泰国和中国均处于上游位置，柬埔寨、老挝、缅甸则处于下游位置；同样是处于上游位置，泰国和中国还提供了较大比例的纺织制品，越南出口的服装产品比重则明显高于中国和泰国。如果考虑到越南棉花出口属于进口后的再出口，则越南实际处于产业链下游。在全球层面和区域层面，澜湄各国所处的位置并非完全一致。这表明，虽然从全球层面看，澜湄国家所处的纺织服装产业链位置重叠程度较高，竞争性较强，但是从澜湄地区来看，各国分工较为明确，互补性较强，纺织服装产业合作对各国具有重要意义。

在现有澜湄各国纺织服装产业发展能力中，中国属于第一梯队，越南和泰国属于第二梯队，柬埔寨和缅甸属于第三梯队，老挝属于第四梯队。在未来区域纺织服装产业合作中，应充分发挥中国的主导和带动能力，利用好越南和泰国较好的纺织服装产业实力，带动柬埔寨、缅甸和老挝的纺织服装产业发展，从而提升整个澜湄地区纺织服装产业链的发展水平。

四　澜湄地区各国纺织服装产业的发展前景

从纺织服装产业内部结构的演进规律看，伴随经济增长，劳动力和土地等生产要素成本的逐渐上升，纺织服装业的原料部门的生产和出口将会不断下降；纺织部门如纱线、纤维等的生产，对资本、技术密集而劳动力相对短缺的国家，可以利用丰裕的资本和技术代替短缺的劳动力；发达国家可以通过开发高科技功能性及智能型纺织品，提高纺织品档次，从而使其纺织部门持续处于世界领先水平。也就是说，随着经济发展，纺织品部门出口占比可以在很长时间内维持增长态势。

针对澜湄地区六国纺织服装业价值链的发展，各个国家应该遵循纺织服装业价值链内部变迁的规律，立足自身的发展阶段、要素禀赋等因素，选择未来发展的重点方向，既不要超前发展，也不要面面俱到。

对中国而言，可以将未来的发展重点放在高科技纺织品的生产上；泰国可以考虑重点发展高附加值的技术密集型服装业；越南可以在现有劳动密集型服装业发展的基础上，向发展技术密集型的高附加值服装业转型；缅甸和柬埔寨应继续重点发展劳动密集型的服装制造环节以及原材料部门；老挝可以重点发展纺织服装业的原材料部门。

五　政策建议

（一）机制建设：设立纺织服装产业联合工作小组

鉴于澜湄地区纺织服装产业合作已初具规模，可以考虑优先在澜湄产能联合工作小组下设立纺织服装产业联合工作小组。为加强六国间的纺织服装产业合作制定规划、指引方向、提供商机、消除短板，从而实现互利共赢。

（二）平台建设：设立澜湄地区纺织服装产业信息交换平台

在"互联网＋"的背景下，建立基于互联网和大数据的纺织服装产业信息综合服务平台，为参与全球价值链的域内纺织服装企业提供信息支持和信息交流服务。通过搭建纺织服装产业信息服务平台，减少信息不对称给企业带来的不必要风险。

（三）互联互通：完善交通、通信和能源等方面的基础设施建设

建议优先支持澜湄地区交通基础设施建设项目，充分利用亚投行和澜湄基金等资金，将澜湄地区的互联互通当作首要任务来抓。

（四）人才培养：设立专业技术人才培养专项基金

建议在澜湄合作框架下设立纺织服装专业技术人才培养专项基金，主要用于在各国纺织服装产业相对集中的地区设立纺织服装专业技术学校，以多种形式培养纺织服装行业发展所需的各领域人才，提高区域内劳动者和技术人员的技术水平。

（五）金融支持：加强对中小企业参与纺织服装价值链的金融支持力度

建议设立纺织服装产业专项投资基金，以资助具备良好的技术水平和优势，但缺乏资金"走出去"的企业实现"梦想"。充分利用澜湄基金，让更多有意愿参与澜湄区域内价值链生产的企业了解澜湄基金，用好澜湄基金；积极鼓励并帮助企业参与澜湄基金重点项目的投标，以获得金融支持。

（六）技术创新：联合组建纺织服装产业技术研发中心

鉴于六国中的中国和泰国的研发能力相对较强，建议以两国的研究技术人员为核心，组建澜湄地区纺织服装技术联合研发中心。

综上所述，澜湄地区首选纺织服装产业作为重点合作领域是遵循产业发展的一般规律、符合各国经济发展阶段的最现实选择。澜湄地区纺织服装价值链发展的经验证明，只有遵循纺织服装产业发展以及纺织服装产业价值链发展的一般规律，才是最切合实际的，也是发展最快的一种方式。澜湄地区纺织服装价值链的发展同样证明，以深度参与价值链的方式融入区域合作当中，是促进国内产业结构转型和升级的最好途径。未来，澜湄地区的纺织服装业发展将继续遵循规律，找准各国的定位和发展方向，积极解决各种妨碍发展的问题，努力完善、深化本地区纺织服装产业基于价值链的合作，为推动澜湄流域经济发展带的其他产能合作提供更多宝贵的经验和示范作用，以带动整个澜湄地区的产能合作，提升该地区的经贸合作水平。

第一章　主报告

张宇燕　宋　泓等[*]

　　澜沧江—湄公河地区（以下简称澜湄地区）地处"丝绸之路经济带"和"21世纪海上丝绸之路"的交汇点，优越的地缘优势、相似的文化背景及相对紧密的经贸关系，使其有望成为"一带一路"合作的示范窗口。在区域一体化快速发展的新形势下，基于历史和现实的考量，澜湄合作机制建立并快速推进，为进一步推进该地区的经贸合作提供了制度保障，开启了六国求合作谋发展的新篇章。同时，无论"一带一路"倡议还是澜湄合作机制，均把产能合作作为优先领域和重要抓手并全力推进，为加强中国与湄公河流域国家的合作提供了新的契机。纺织服装产业作为澜湄地区产能合作的"排头兵"，已经取得了可喜的成绩，纺织服装产业价值链已初步形成，为加强该地区其他产业的合作提供了良好的示范作用。为进一步推进澜湄地区产能合作向更高、更好的方向发展，本项目以纺织业价值链为切入点，通过对澜湄地区纺织服装产业合作的经验和教训的梳理和总结，为促进该地区经贸合作的进一步发展提供有力的理论支撑和政策建议，对于探索中国产业转型升级和价值链攀升路径，具有重要的现实意义。

---

　　[*] 作者包括张宇燕、宋泓、倪月菊、高凌云、苏庆义、张琳。马涛、东艳、李春顶参与讨论。

第一节　澜湄地区加强纺织服装产业
合作的重要性

（一）澜湄地区产能合作优势明显，有望成为新型次区域合作的典范

澜湄合作是首个由流域六国共同创建的新型次区域合作机制。澜湄六国地缘相近、人缘相亲、文缘相通，使其有望成为次区域合作示范区的最佳选地。

区位优势明显。 澜沧江—湄公河是亚洲最重要的一条国际河流，发源于中国青海省唐古拉山，由云南省南部出境，流经缅甸、老挝、泰国、柬埔寨、越南五个国家，于越南胡志明市附近入中国南海，全长 4880 公里。其在中国境内段被称为澜沧江，境外段称为湄公河。同饮一江水，命运紧相连。这条河把澜湄流域六国紧密联系在一起，地缘优势十分明显。

交通网络完备。 澜湄国家间的公路、高铁、航空等快速交通网络日趋完善，中越、中老、中缅等方向公路、铁路、电网、油气管道、光缆等基础设施互联互通建设推进迅速。承载着老挝从"陆锁国"到"陆联国"转变梦想的中老铁路，全长近 600 公里，预计 2021 年可以实现全面通车。建成后，不仅将极大提高区域运输效率和水平，促进老挝经济发展和社会进步，还将北接中国，南至泰国、马来西亚等国，成为中南半岛南北大动脉的重要组成部分。昆曼经济走廊也直接连接中国、老挝、泰国，辐射东南亚其他国家，给流域地区的发展带来了日新月异的变化。

传统文化相近。 澜湄六国地缘相近、人缘相亲、文缘相通。一江水流经之地，孕育着流域国家各具特色又相亲相近的文化，形成了六国间历史悠久且联络紧密的文化联系。相近的文化底蕴，为澜湄地区国家间的深入合作提供了良好的人文基础。正如李克强总理所说，"澜沧江—湄公河就像一条天然的'彩练'，把我们紧紧联系在一起"。

经济联系紧密。 在过去 20 多年里，澜湄流域六国的务实合作得到全面深化，特别是中国与东盟建成了世界上最大的发展中国家自由贸易区后，极大地促进了区域内贸易和投资的发展。日益加深的贸易和投资关系，为进一步加强合作奠定了良好的基础。

从区域内贸易来看，近年来，澜湄流域六国的区域内贸易均获得了长足的发展。中国与湄公河五国的经贸关系日益紧密。2017 年中国同湄公河五国贸易总额达 2239 亿美元，同比增长 16%，与 1995 年和 2001 年相比分别增长 42.3 倍和 20.7 倍。目前，中国已成为柬埔寨、缅甸、泰国、越南第一大贸易伙伴，老挝的第二大贸易伙伴。老挝的进出口贸易主要来自澜湄地区，占比由 2001 年的 72.44% 扩大到 86.86%，缅甸和柬埔寨的占比分别由 24.2% 和 25.3% 提高到 53.65% 和 39.85%；说明这三国更依赖于澜湄地区的市场，而且程度逐渐加深。泰国和越南虽然更依赖于澜湄地区以外的市场，但近 15 年区域贸易增长也很快，两国对外部市场的依赖程度分别由 2001 年的 92.26% 和 85.76% 下降至 76.12% 和 75.39%。

从区域内的投资关系来看，目前，中国已成为柬埔寨、老挝、缅甸三国外资第一大来源地。截至 2016 年年底，中国对五国的投资存量超过 240 亿美元，与 2003 年相比增长了 93 倍。这些投资为改善湄公河流域国家基础设施建设、吸纳居民就业和促进当地经济增长发挥了积极作用。老挝、缅甸和柬埔寨主要是外国直接投资（FDI）的接受国，投资来源国先是泰国，后来是中国，近年来越南也开始进行少量的投资。泰国是较早（1992 年）进入越南投资的国家，但前两年投资额仅 5000 万美元，随着越南于 1995 年正式加入东盟，来自包括泰国在内的该地区的投资不断涌入。截至 2018 年 3 月 20 日，泰国对越投资额达 93.09 亿美元，有效项目 490 个，成为越南十大外资来源地之一。

可见，澜湄地区可以凭借其在地理区位、交通网络、文化基因、经济基础等方面的明显优势，有望成为次区域合作的典范。

（二）澜湄合作机制为打造澜湄流域经济发展带提供了制度保障

在 2018 年 1 月召开的澜湄合作第二次领导人会议上，李克强总理指出："中方愿与湄公河国家一道，打造澜湄流域经济发展带，建设澜湄国家命运共同体。"并就推动澜湄合作从培育期顺利迈向成长期，打造澜湄流域经济发展带提出了多项建议。澜湄合作机制是澜湄流域六国对加深合作的新探索和新尝试，为进一步深化相互间的经贸合作，打造澜湄流域经济发展带，共建澜湄国家命运共同体提供了制度保障。

构建澜湄合作机制的倡议始于 2014 年 11 月的第 17 次中国—东盟领导人会议，与会各国同意在"10 + 1"框架下构建澜湄合作机制，推进大湄公河次区域合作的深化。2015 年 11 月 12 日，澜湄合作的首次外长会议在云南省西双版纳成功举行，标志澜湄合作机制正式成立。2016 年 3 月，以"同饮一江水，命运紧相连"为主题的澜湄合作首次领导人会议在中国海南三亚成功举办，标志澜湄合作机制建设进入全面推进阶段。澜湄合作机制启动两年多来，创造了令人瞩目的**澜湄模式**，打造了"领导人引领、全方位覆盖、各部门参与"的澜湄格局，创造了"天天有进展、月月有成果、年年上台阶"的澜湄速度，培育了"平等相待、真诚互助、亲如一家"的澜湄文化。**澜湄合作已当之无愧地成为次区域最具活力、最具发展潜力的新机制之一。**[①]

合作机制引方向。澜湄合作建立了包括领导人会议、外长会、高官会和各领域工作组会在内的多层次、立体化的合作架构，六国外交部均成立了澜湄合作国家秘书处或协调机构；确立了"3 + 5 + X"的合作框架，即政治安全、经济和可持续发展、社会人文三大支柱，互联互通、产能、跨境经济、水资源以及农业和减贫五大优先领域及其他领域；五大优先领域联合工作组已经建立，水资源合作中心、环境合作中心和全球湄公河研究中心已投入运作。多层次、宽领域的合作机制为务实合作提供了强有力的支撑。

项目合作展效果。2016 年 3 月在三亚召开的第一次领导人会

---

① 王毅：《建设澜湄国家命运共同体，开创区域合作美好未来——纪念澜沧江—湄公河合作启动两周年暨首个澜湄周》，《人民日报》2018 年 3 月 23 日。

议上提出的 45 个早期收获项目（涉及水资源、卫生、教育、减贫、互联互通、人文交流等多个领域）和第二次外长会中方提出的 13 个倡议已经取得实质进展，中老铁路、中泰铁路相继开工。总投资额 17 亿美元的越南永新火电站进入设备安装阶段。老挝南欧江流域梯级水电站项目一期投产发电、二期完成截流，全部建成后将保障老挝 12% 的电力供应。柬埔寨暹粒新机场预计建成后年旅客吞吐量将达 500 万人次。还有不少项目和倡议正在稳步推进，合作成果显著，为流域国家经济社会发展做出了重要贡献。

总之，澜湄合作机制为促进澜湄地区的经贸合作，打造澜湄流域经济发展带提供了新的契机和良好的政策环境及制度保障。

（三）纺织服装产业的国际产能合作可为澜湄流域经济带建设起到示范作用

国际产业合作是澜湄合作的重要支柱。澜湄合作机制创设伊始，产能合作就被各国一致高度重视。澜湄合作第一次领导人会议上通过了《澜湄国家产能合作联合声明》，各方同意"通过充分利用澜沧江—湄公河国家竞争优势、制造能力和市场规模，采用直接投资、工程承包、技术合作和装备进出口等多种合作方式促进地区贸易投资合作和所有合作伙伴的产业发展能力"。声明的发布为已蓬勃开展的合作注入了一针强心剂，催生了更多合作项目的开展，双方产能合作的方式也从最初的中方援建逐步过渡到了建设—经营—转让（BOT）等国际上更为主流的合作方式。在澜湄合作第二次领导人会议上，李克强总理也把加强产能合作作为打造澜湄流域经济发展带的一项重要内容。

纺织服装产业是澜湄流域国家的重要产业之一。澜湄地区的纺织服装产业出口额占到世界该类产品出口总额的比重超过 40%，是世界纺织和服装产业的集聚区。同时，澜湄六国纺织业产能合作潜力巨大，具有四个方面的合作优势：一是地理位置相近，比较容易开展投资、贸易、基础设施建设；二是人员相亲，六国有比较相似的文化历史，历史上关系友好，人文、政府之间容易沟通，相互理解，认知度比较高；三是有资源的优势；四是有人力优势，东南亚人口比较多，容易创造更多就业机会。

近几年，澜湄六国间的纺织服装产业合作加速推进，初步形成了区域内较完整的纺织服装产业价值链，为其他产业的合作发展树立了典范。认真总结澜湄地区纺织价值链发展中的经验教训，有利于进一步促进六国纺织产业价值链的发展，对于加快推进澜湄流域经济发展带建设，在区域内开展更广泛领域的产能合作具有示范和引领作用，现实意义重大。

第二节　澜湄地区发展纺织服装业合作的独特优势

澜湄合作首次领导人会议发布的《澜湄国家产能合作联合声明》，将纺织业列为澜湄国家产能合作的优先领域之一。澜湄六国的纺织品服装出口额占全球纺织服装出口总额的40%以上，澜湄国家在纺织服装领域拥有共同的对外利益。同时，六国之间的纺织品和服装贸易联系日益紧密，2016年区内贸易额达375.5亿美元，规模不断增长，区域性纺织服装价值链合作不断深化。纺织业作为典型的劳动密集型产业，关系到各个国家的就业、收入等民生问题。可见，通过加速纺织服装业的国际产能合作，打造区域生产网络和提升价值链地位，大有可为。

（一）纺织服装业发展的一般规律

纺织服装业是传统劳动密集型产业、重要的民生产业。发展纺织服装业是大多数发展中国家走向工业化的最佳选择，是发展中国家融入世界经济和本国经济起飞的"垫脚石"（stepping stone）。[①]

---

① Gereffi, Gary (2003), "The International Competitiveness of Asian Economies in the Global Apparel Commodity Chain," *International Journal of Business and Society*, 4 (2): 71–110; J-O. Kim, M. K. Traore & C. Warfield (2006), "The Textile and Apparel Industry in Developing Countries," *Textile Progress*, Volume 38; Jodie Keane and Dirk Willem te Velde (2008), "The Role of Textile and Clothing Industries in Growth and Development Strategies", Investment and Growth Programme, Overseas Development Institute, May 2008; Gladys Lopez-Acevedo & Raymond Robertson (2016), "Apparel Employment, Trade, and Economic Development in South Asia," World Bank Group.

短期看，纺织服装业发展能够创造更多就业机会，提高工人的收入水平，能够发挥中低等收入国家劳动力成本低廉的优势，扩大工业制成品的出口，增加出口创汇，拉动国民经济的快速增长。长期看，能够加速本地企业和具有先进技术的外资企业的合作，通过"干中学"（learning by doing）、技术溢出（spillover）等方式，为发展中国家的长期、可持续发展提供机会。

1. 纺织服装业发展的一般规律

以纺织服装业为主的劳动密集型产业大多是一国发展出口导向型经济的"起点"（starter）。大多数发达国家和工业化国家最初的资本积累和扩张主要依靠纺织、服装业。当一国从最不发达国家、低收入国家发展为中等收入国家，特别是中等偏上收入国家后，意味着一国已经完成了第一阶段工业化进程，产业结构开始向资金密集型、技术密集型转变，廉价充足的劳动力不再是其主要的竞争优势，劳动密集型产业必然面临着转型升级。因此，纺织服装业的壮大发展与一国经济发展阶段紧密相连。

从历史上众多国家和地区的发展经验来看，纺织服装产业的发展与一经济体收入水平关系的一般规律是：当一国和地区的实际人均GDP 小于3000/4000 美元[1]（属于低收入经济体）时，纺织服装业拥有较好的发展空间，处于行业黄金期，具备进一步迅速扩张的潜力；当一国和地区的实际人均GDP 处于4000—10000 美元（属于中等偏上收入经济体）时，则纺织服装业已处于成熟期，技术、资金、创新等要素成为更加重要的竞争优势；当一国和地区为发达经济体时，纺织服装业的生产环节会进入衰退萎缩期，生产规模大幅下降，进口增多，更加依靠品牌、市场、设计、研发等高附加值环节。

2. 纺织服装业发展的国际经验

上述产业发展的一般规律，可以从日本、"亚洲四小龙"、中国以及其他新兴纺织服装出口经济体的国际经验加以验证。

从20 世纪30 年代中期起，日本利用工资率低于美国和英国

---

[1]　以2005 年美元不变价格为基期。

20%—47% 的成本优势，占据了世界棉产品 40% 的份额。[①] 1956 年，日本的纺织工业产值占到国内工业生产总值的 50% 以上，成为日本最大的工业部门，纺织品和服装出口额约占日本出口总额的 35%。1957年，日本超越美国成为全球纺织服装出口第一大国、世界纺织制造中心。从日本经济发展来看，以 2005 年美元不变价格为基期，1951 年日本实际人均 GDP 为 3038 美元；1956 年人均 GDP 突破 4000 美元，1967年人均 GDP 突破 10000 美元。20 世纪 70 年代以后，随着"亚洲四小龙"的竞争，日本纺织服装业出口缩减至 5% 以下（见图 1 - 1）。

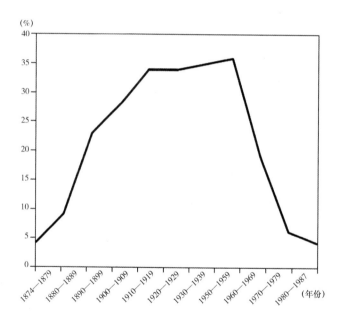

图 1 - 1 日本纺织品和服装出口占比

资料来源：Yearbook of National Account Statistics, United Nations & Park and Anderson (1991) Park, Young - Il, and Kym Anderson (1991), "The Rise and Demise of Textiles and Clothing in Economic Development：The Case of Japan," *Economic Development and Cultural Change*, 39 (3)：531 - 548.

---

① 本书全部人均 GDP 数据均来自 Penn World Table（PWT）数据库。

　　20 世纪 60 年代中期至 70 年代，"亚洲四小龙"（新加坡、韩国、中国香港、中国台湾）以轻纺工业为主的劳动密集型产业蓬勃发展，推动了第一次产业结构升级。1965—1975 年，纺织品和服装的出口额占中国香港出口总额的 40% 以上；1970—1975 年，韩国纺织品和服装出口额约占韩国出口总额的 35%，是韩国重要的出口支柱产业；1970 年，中国台湾的纺织品和服装出口份额高于 30%，并在此后连续 17 年保持了第一大出口产品的地位。以 2005 年美元不变价格为基期，韩国、中国香港和中国台湾纺织服装业高速发展的黄金时期，恰好是在人均 GDP 在 3000—4000 美元的阶段，也是它们从低收入经济体向中等收入经济体迈进的重要阶段（见图 1-2）。

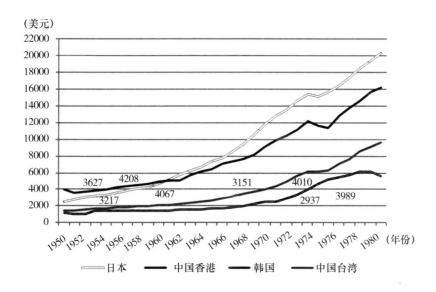

图 1-2　日本、韩国、中国香港、中国台湾实际人均 GDP 比较

（以 2005 年不变美元价格为基准）

资料来源：Penn World Table（PWT）数据库。

　　1993 年，纺织品和服装出口成为中国第一大类出口产品，而 1990—2000 年的十年时间，正是中国人均 GDP 从不足 2000 美元向 4000 美元突破的关键时期。

如今，纺织服装业的发展对发展中国家，特别是中低收入国家的意义尤为显著。2006 年世界贸易组织报告指出，2004 年发展中国家（包括低收入和中等收入国家）的纺织品和服装出口占世界出口总额的一半以上，在出口重要性和地位方面，远远超过其他类别的工业制成品。① 这表明纺织服装业仍是许多发展中国家实行出口导向政策的重要支柱产业，纺织品和服装的出口对经济增长的拉动作用日益显著。2016 年，如孟加拉国、巴基斯坦和柬埔寨等低收入和中低收入国家，其商品出口总额的 60% 左右是纺织品和服装产品。

3. 纺织服装业发展对澜湄国家的重要作用

澜湄国家均属于发展中国家。世界银行数据显示，2017 年老挝人均名义 GDP 为 2457.3 美元，越南人均名义 GDP 为 2343.1 美元，柬埔寨人均名义 GDP 为 1384.3，属于低收入、中低收入国家；缅甸人均名义 GDP 为 1298.9 美元，2015 年经联合国批准属于欠发达国家（Least Developed Countries，LDCs）。这四国的人均 GDP 均低于 3000 美元，正处于纺织服装业加速发展的阶段，具有较大的发展潜力和动力。纺织服装业对促进经济增长、加速工业化进程，发挥着不可替代的重要作用。中国人均名义 GDP 为 8826.9 美元，泰国人均名义 GDP 为 6593.8 美元，属于中等偏上收入国家。劳动密集型的服装业发展增速开始放缓，占世界市场份额都有所下降，发展重点放在资本和技术密集型的纺织产业，并开始向品牌、设计等高附加值领域进军。纺织服装产业依然在两国经济发展中发挥着重要作用。

六国差异化的发展水平有助于形成澜湄地区纺织服装产业的区域性生产网络，提升澜湄产能合作的总体水平。目前，澜湄地区正在形成紧密的纺织服装业生产、贸易网络，上下游产业关联度大大提升，逐步形成了泰国和中国出口纺织品，越南、柬埔寨、缅甸、老挝作为服装生产基地的区域供应链和生产网络。

---

① WTO (2006) World Trade Report, https://www.wto.org/english/res_ e/booksp_ e/anrep_ e/world_ trade_ report06_ e.pdf.

（二）澜湄地区纺织服装业的独特优势

当前，全球纺织服装业生产格局正处于大调整过程中。劳动密集型和相对低端的纺织服装加工环节逐渐向东南亚、南亚及非洲等劳动力成本低廉并享受优惠贸易政策安排的地区转移。通过与其他东南亚国家、南亚国家和非洲国家进行横向比较，我们可以发现澜湄地区纺织服装业发展的独特竞争优势。

1. 基础条件

基础条件包括经济发展水平、劳动力成本、劳动力素质、资源和原材料要素、地区性生产网络以及基础设施建设六个因素。

第一，经济发展水平。 根据世界银行数据，新加坡、文莱均为发达国家，且国土面积小，劳动力成本高，不适合发展纺织服装业。马来西亚、泰国、印度尼西亚、菲律宾等东盟老成员国大部分已经成为中等偏上收入国家，正处于向资本和技术密集型产业升级和转型的阶段。越南、柬埔寨、缅甸、老挝等澜湄国家（中低收入国家，LMC），南亚孟加拉、巴基斯坦，以及非洲埃塞俄比亚等国家处于产业发展黄金期，现阶段具有明显的比较优势，拥有很大的产业发展空间（见图1-3）。

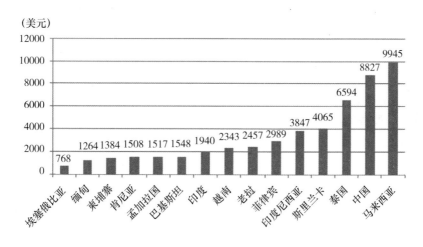

图1-3 2017年LMC、ASEAN、南亚和非洲国家人均GDP比较

资料来源：World Bank Development Indicator。

第二，劳动力成本。服装加工是典型的劳动密集型产业，劳动力工资占总经营成本的 10% 以上。东南亚、南亚以及非洲作为"价值洼地"，最直接的竞争优势就是劳动力成本（见图 1 - 4）。

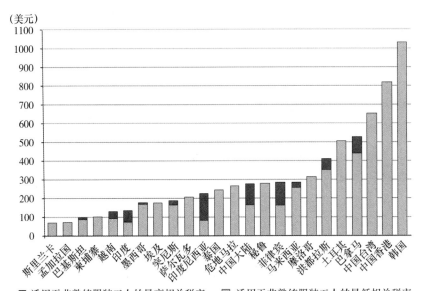

图 1 - 4　世界主要服装出口大国/地区月最低工资的比较

资料来源：Minimum wages in the global garment industry, ILO Regional Office for Asia and the Pacific Research Note, November 2014. https：//www. ilo. org/asia/publications/WCMS_436867/lang - - en/index. htm。

根据国际劳动组织 2014 年发布的《全球服装业最低工资》报告，比较了前 25 位全球最大的服装出口国/地区的月度最低工资，结果显示如斯里兰卡、孟加拉、巴基斯坦等南亚国家和柬埔寨、越南等澜湄国家在工资成本上具有竞争力。而菲律宾、马来西亚、泰国、印度尼西亚等服装业工人的最低月工资达 200 美元以上，中国大陆也超过 250 美元，工资成本高涨，对服装产业发展带来较大的压力。

第三，劳动力素质。劳动力素质高低、受教育程度直接影响生产效率，也影响从非技术工种向技术工种"干中学"的升级效果。在每月最低工资这一显示成本相似的情况下，生产效率越高，则说明一国的劳动力"性价比"越高，越具有竞争优势（见表 1－1）。

表 1－1　　　　发展中国家受教育程度和纺织服装业出口比重　　　单位：%

	小学	中学	大学	纺织服装业总出口占国内制造业总出口的比重
LDCs				
柬埔寨	78.3	19.5	2.2	70.4
低收入国家（Low Income Countries）				
印度	58.4	36.7	4.8	15.9
巴基斯坦	50.8	26.7	22.5	67.2
中低收入国家（Low Middle Income）				
斯里兰卡	19.3	64	16.6	47
萨尔瓦多	60.2	31.2	8.6	42.6
中等偏上收入国家（Upper Middle Income Countries）				
毛里求斯	39.2	51.4	9.4	39.1
墨西哥	37.9	45.5	16.6	3.4

资料来源：Jodie Keane and Dirk Willem te Velde（2008），"The Role of Textile and Clothing Industries in Growth and Development Strategies"，Investment and Growth Programme，Overseas Development Institute，May 2008。

表 1－1 大致反映了主要从事纺织服装（Textile and Clothing，T&C）出口的发展中国家劳动力受教育的普及度。收入水平越低的国家，只接受了小学教育的人口更多。在表 1－1 中未显示越南数据，但通过课题组 2018 年 3 月在河内、胡志明多地的调研访谈了解，越南受教育程度较高，生产效率在澜湄国家中仅次于中国。

第四，资源和原材料要素。棉花、蚕茧丝、羊毛、亚麻、化学纤维等是纺织服装业生产的原材料。原料产量充足、稳定供应，价格具有竞争力是整个行业发展的最基本前提。

澜湄地区中的中国是世界上最大的棉花生产国，但同时中国需要进口大量棉花，对国际原料市场依存度较大。南亚的印度和巴基斯坦分别是世界第三大、第四大产棉国，棉花供应基本能够自给自足，并且国内价格低于国际市场价格，有一定的优势。非洲的埃及也是世界重要的棉花产地，同时布基纳法索、贝宁、乍得和马里是四个主要的非洲棉花生产国，能够保证一定的原材料供应。澜湄地区的越南、柬埔寨、缅甸、老挝等虽然基本纺织原料比较缺乏，主要依靠进口，但其拥有免关税、免配额的优惠贸易政策，弥补了原材料不足的缺陷，在保障原材料供应的同时，享受有比较优势的国际价格。

从这一影响因素看，区位选择方面南亚地区、非洲地区、东南亚和澜湄地区的差别不大。

第五，地区性生产网络。纺织服装业，包括棉纺织机械产业、缝纫机械产业、面辅料业、染整工业，全产业链上下游的关联度较高。经过近年的发展，澜湄地区已初步形成稳定的区域性纺织服装生产贸易网络，地区内国家依据各自的比较优势和纺织产业发展阶段，在纺织原料生产和服装加工等各个环节形成了完整的产业链，区域内贸易和投资增长较快。相比之下，非洲地区的国家因远离终端消费市场和上游供应商，目前尚未形成区域性纺织服装生产贸易网络，因此纺织服装产品出口处于劣势地位。

第六，基础设施建设。影响纺织服装产业发展的基础设施条件主要包括电力保障和物流交通等。根据课题组的实地调研，中国、泰国和越南的基础设施（公路、铁路、港口、物流等）和电力供应保障情况较好，柬埔寨、缅甸、老挝三国现阶段仍亟须较大的提升。对比南亚地区和非洲地区的实际情况，如巴基斯坦能源供应紧缺，天然气、电力等无法保障正常供应，价格高涨；非洲地区国家普遍能源成本较高且电力供应不稳定，工厂需要使用自己的发电机，成本比直接购买上网电价高4倍。因此，在纺织服装产业发展的基础设施方面，部分澜湄国家比较优势十分显著。

2. 政策性因素

纺织服装业发展还受到优惠贸易安排、政府产业政策导向、总体投资环境等政策性因素的影响。

优惠贸易安排。取消纺织品进口配额以后，区域贸易协定安排和优惠性贸易政策成为影响纺织服装业生产和贸易格局的重要因素。柬埔寨、缅甸、孟加拉以及33个最不发达的非洲国家，享受欧盟、美国、日本等28个国家和地区给予的普惠制待遇（GSP）；根据越南—欧盟自贸协定和全面与进步跨太平洋伙伴关系协定（CPTPP），越南享受对欧盟、加拿大等国出口服装纺织品的零关税；巴基斯坦自2014年1月1日起，享有600多种纺织品可免税进入27个欧盟成员国市场的普惠制待遇；因美国的《非洲增长与机遇法案》，非洲国家的服装可免关税、免配额出口至美国市场。

从这一影响因素看，区位选择方面南亚地区、非洲地区、东南亚和澜湄地区的差别不大，均可享受有利的贸易政策安排。

政府产业政策导向。孟加拉、柬埔寨、斯里兰卡等国支持外向型经济发展，纺织服装业是其国民经济的支柱产业；埃塞俄比亚更是将纺织服装列为工业发展战略行业。各国政府通过创建出口加工区、专项工业园吸引外商直接投资，外商投资进入时，享有土地、税收减免等优惠政策。当前孟加拉吉大港、柬埔寨西哈努克港、越南胡志明市周边、巴基斯坦卡拉奇出口加工区已经形成颇具规模的服装生产基地。

与之相比，马来西亚、印度尼西亚等国支柱产业已转向电子、机械或服务业，不再有特别针对纺织服装业的支持政策。

总体投资环境。社会稳定、政局稳定是一国或地区吸引国际投资的最基本前提；良好的营商环境，便利化的服务措施，健全的外资保护法律体系，都构成了重要的政策软环境。在澜湄国家中，中国、越南的政策软环境优势更为明显，泰国更在世界银行《2020营商环境报告》中排名全球第21位，普遍高于南亚国家和非洲国

家。比较而言，如非洲的埃塞俄比亚、南亚孟加拉国，总体投资环
境远远低于世界平均水平。总体而言，东盟其他五国营商环境略高
于 LMC 中的泰国、中国和越南，其他 LMC 国家的营商环境基本与
南亚地区和非洲地区持平。

此外，影响一国纺织服装产业发展的因素还包括**人文、宗教等
因素**。南亚地区文化多样，宗教信仰复杂，印度信仰印度教、孟加
拉信仰伊斯兰教，宗教信仰与行为习惯差异性较大。非洲地区类
似。澜湄国家人民勤劳朴实、文化同源同宗，大部分信仰佛教，社
会更加稳定，有利于经济发展（见表 1 - 2）。

表 1 - 2　　　　各地区纺织服装业发展影响因素的比较

	决定性因素					政策性因素			
	发展阶段	劳动力成本	资源和原材料	劳动力素质（生产效率）	区域生产网络	贸易关税政策	产业政策支持	基础设施、交通、电力	投资环境、政局稳定	人文（文化、宗教信仰等）
LMC	黄金期	+	+	+	+	+	+	+/-	+/-	+
东盟五国*	成熟期	-	+	+	+	+	-	+	+	+
南亚	黄金期	+	+	-	+	+	+	-	-	+
非洲国家	黄金期	+	+	-	+	+	+	-	+/-	+

注：（1）　*　东盟五国指的是新加坡、文莱、印度尼西亚、马来西亚和菲律宾。
（2）表中的 + 表示在该指标上该地区拥有优势；- 则表示没有优势，或者处于劣势。
资料来源：作者整理。

总之，与其他东盟五国相比，澜湄多数国家正处于向中高等收
入经济体迈进的历史发展阶段，劳动力充足且成本低廉，纺织服装
业具有较大的发展空间。澜湄地区纺织服装业的区域生产网络已初
步形成并逐步深化，与非洲地区相比，具有较强的产业合作基础。
澜湄国家拥有明显的产业支持政策和发展规划，劳动力素质较高，

生产效率明显高于南亚地区和非洲地区。同时，泰国和越南等澜湄国家基础设施条件良好，电力保障和物流交通也同样优于南亚地区和非洲地区。人民勤劳朴实、文化同源同宗，政局稳定构成了澜湄国家良好的投资环境，也成为澜湄地区纺织服装业发展的独特优势。当然，加强柬埔寨、缅甸、老挝三国的基础设施建设以及提高供电能力，也是当前澜湄地区纺织服装业发展亟须解决的问题。建设公路、港口、铁路的互联互通，形成澜沧江—湄公河上下游之间的合作，都将极大地改进澜湄地区纺织服装业的发展条件，显著地提升澜湄合作水平。

第三节　澜湄地区纺织服装产业发展现状

（一）从全球视角看澜湄地区纺织服装产业发展

2012—2016 年，全球纺织服装产业贸易额经历了先升后降的过程（见图 1 - 5）。2012 年，全球纺织服装产业贸易额是 1.39 万亿美元，2014 年上升到 1.49 万亿美元。2016 年，全球纺织服装产业贸易额又下降到 1.35 万亿美元。在全球纺织服装产业贸易中，由于服装产品是下游的终端产品，其单位产品蕴含的增加值更多，服装产品贸易额明显大于上游的纺织原料和纺织制品。[①] 2012—2016 年，服装产品占全球纺织服装产业贸易额之比平均为 56.48%，大于纺织原料和纺织制品比重之和，纺织原料和纺织制品的平均比重均为 21.76%。

澜湄六国纺织服装贸易在全球纺织服装贸易中占据重要位置。2012—2016 年，澜湄六国纺织服装贸易额占全球纺织服装贸易额

---

① 在货物贸易中，基于 HS 编码分类，纺织服装产品是第 11 类"纺织原料及纺织制品"，包括第 50—63 章。纺织服装产业链从上游到下游大体分为纺纱、织布、成衣三个连续的步骤，各自步骤又细分为若干工序。考虑到数据可得性，为方便起见，我们将纺纱、织布、成衣三个步骤对应三类产品：纺织原料、纺织制品、服装产品。纺织原料包括第 50—55 章，纺织制品包括第 56—60 章以及第 63 章，服装产品包括第 61—62 章。当然，广义的纺织服装产业还包括纺织服装机械，但这类产品属于投资品，不好进行划分，我们暂时不考虑。

(亿美元)

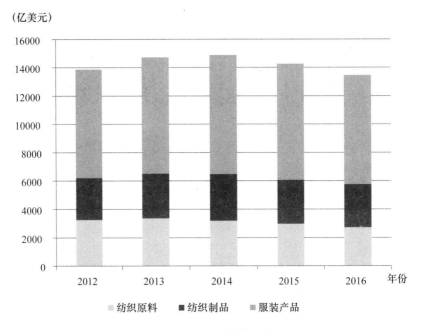

图 1-5　全球纺织服装产业贸易额

资料来源：作者根据联合国 Comtrade 数据库整理。

的比重从 24.25% 增加到 26.09%，纺织原料、纺织制品和服装产品占全球同类产品的比重均有所增加。其中，纺织原料的比重从 27.85% 增加到 30.71%，纺织制品的比重从 23.93% 增加到 26.44%，服装产品的比重从 22.84% 增加到 24.32%。单纯从出口来看，2016 年澜湄地区纺织服装出口占世界纺织服装出口的比重达 42.18%。

　　澜湄六国的纺织服装贸易中，出口产品以服装产品为主。2016 年服装产品出口占纺织服装总出口的 60.49%，纺织原料和纺织制品的占比分别是 18.15% 和 21.37%。进口产品以纺织原料为主。2016 年纺织原料占纺织服装进口的 54.67%，纺织制品占纺织服装进口的 31.21%，服装产品占 14.12%。这表明，整个澜湄地区在全球纺织服装产业链中是重要的服装生产基地，利用进口的纺织原料生产服装产品并出口到其他国家。

另外，澜湄国家纺织服装出口在其总出口中占据重要位置（见图1-6）。对于澜湄国家而言，纺织服装进口在其总进口中的比重并不高，2016年为2.72%。但是，纺织服装出口在其总出口的比重较高，2016年达到11.82%。这表明，纺织服装是澜湄国家具有比较优势的产业，是澜湄国家出口较为依赖的产品。

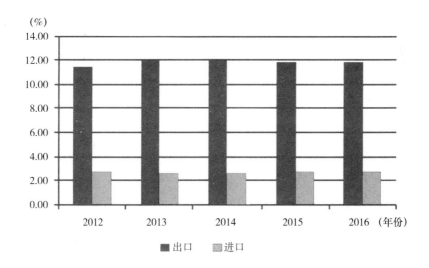

图1-6 澜湄六国纺织服装出口和进口占其总出口和总进口比重
资料来源：作者根据联合国Comtrade数据库整理。

（二）澜湄地区纺织服装产业区域内贸易及价值链现状
1. 澜湄各国纺织服装产业的区域内贸易现状

在澜湄地区内的纺织服装贸易中，从出口的角度来讲，出口额从高到低依次是中国、越南、泰国、柬埔寨、缅甸、老挝（见表1-3）；从进口的角度来讲，进口额从高到低依次是越南、中国、泰国、柬埔寨、缅甸、老挝。越南的进口高于中国，但出口低于中国。中国占澜湄地区出口总额的79.01%，占进口总额的14.41%。越南占澜湄地区出口总额的13.76%，占进口总额的54.56%。泰国占澜湄地区出口总额的5.78%，占进口总额的12.35%。柬埔寨占澜湄地区出口总额的0.92%，占进口总额的11.59%。缅甸占澜湄地区出口总额的 0.53% ，占进口总额的 6.66% 。老挝占澜湄地区出口总额的 0.01% ，占进口总额的 0.43% 。相对于出口额集中于中国来讲，各国进口更为分散。

表 1-3　　　　澜湄地区纺织服装产业区域内贸易（2016 年）

出口国＼进口国		柬埔寨	中国	老挝	缅甸	泰国	越南
柬埔寨	纺织原料	—	2.48	0	0.18	0.09	3.88
	纺织制品	—	15.00	0.52	0.09	1.05	17.09
	服装产品	—	149.52	0	0.07	19.15	2.64
中国	纺织原料	807.45	—	7.21	681.58	828.20	5859.33
	纺织制品	1260.68	—	9.61	482.98	1153.35	4196.98
	服装产品	119.22	—	5.51	57.98	611.39	2007.33
老挝	纺织原料	0	0.01	—	0	0.30	0.00
	纺织制品	0	0.01	—	0.01	0.14	0.00
	服装产品	0	0.12	—	0.00	1.10	0.01
缅甸	纺织原料	0	6.38	0	—	0.06	0.01
	纺织制品	0	1.68	0	—	0.21	0.01
	服装产品	0.01	98.96	0.00	—	10.87	2.21
泰国	纺织原料	30.96	255.57	18.66	150.68	—	238.18
	纺织制品	105.90	98.76	35.47	99.91	—	145.91
	服装产品	9.44	82.54	4.89	27.76	—	17.80
越南	纺织原料	56.75	1739.00	12.30	7.94	104.44	—
	纺织制品	257.58	184.00	3.04	14.53	58.16	—
	服装产品	5.68	664.33	1.87	0.73	39.95	—

　　注：使用出口国的出口数据，单位是百万美元。越南向中国出口纺织原料多主要是因为出口棉花，2016 年越南向中国出口棉花 16.18 亿美元，占越南棉花出口额的 77.19% 。但越南棉花几乎完全依赖进口，自己不生产棉花，因此可能难以理解。2016 年越南共进口棉花 33.76 亿美元，出口 20.96 亿美元，因此，越南可能是将进口棉花的 62.09% 用于再出口。

　　资料来源：作者根据联合国 Comtrade 数据库整理。

从双边的角度来看，对于纺织原料和纺织制品，柬埔寨主要出口到越南和中国；对于服装产品，柬埔寨则主要出口到中国。中国的纺织原料和服装产品主要出口到越南，纺织制品则主要出口到越南、柬埔寨和泰国。老挝的纺织服装产品主要出口到泰国。缅甸的纺织服装产品主要出口到中国。泰国的纺织原料和服装产品主要出口到中国、越南和缅甸，纺织制品主要出口到越南和柬埔寨。越南的纺织原料主要出口到中国和泰国，纺织制品主要出口到柬埔寨和中国，服装产品主要出口到中国。这说明，澜湄地区各国纺织服装产业链错综复杂，各国都有重点的贸易伙伴，相互之间的依赖并不对称。

2. 澜湄各国参与全球及区域内纺织服装产业链的程度及地位

在分析一国参与全球产业链的状况时，需要使用参与程度和参与地位两个指标来进行综合衡量。参与程度意指该国参与全球产业链的程度，在多大程度上融入全球产业链；参与地位意指该国在全球产业链中处于何种地位，是处于产业链上游，还是下游，抑或是处于中游位置。一国参与全球产业链的程度和地位既可以表现为整体参与，也会在某些特定产业上参与。

从全球层面进行分析，是指澜湄各国参与全球纺织服装产业链的程度，以及在全球产业链中所处的地位。无论国家大小，分析其参与纺织服装产业链的程度，一个很简单的指标是该国纺织服装产业进出口总额，该数额越大，表明参与程度越深。从区域层面来分析，参与程度则应该使用一国参与该区域贸易时，纺织服装产品进出口总额的大小。① 测算结果表明，从全球层面来看，中国参与纺织服装产业价值链的程度明显高于其他澜湄国家（见表1-4）。越南次之，泰国和柬埔寨的程度再次之，缅甸和老挝参与的程度最

---

① 需要说明的是，这里用产业链而非价值链的概念进行分析，表明这里的概念并非目前流行的全球价值链。全球价值链的概念是指20世纪90年代兴起的新型分工模式，以生产的国际分割为特征。但这一新型分工模式容易排除传统的分工模式，比如如果一国仅进口最终的服装产品，不会被纳入全球价值链分工形式，但很显然该国也参与了纺织服装产业链，是终端消费者。由此，这里的纺织服装产业链是指，无论从消费还是生产角度，只要参与纺织服装贸易即可认为参与纺织服装产业链。一国参与纺织服装产业链的程度是该国参与纺织服装贸易的程度。

低。从澜湄地区来讲,各国参与纺织服装产业链的程度更加均衡。中国和越南参与程度最高,其次是泰国,再其次是柬埔寨和缅甸,老挝参与程度最低。整体而言,无论是全球层面,还是区域层面,澜湄各国参与纺织服装产业链程度的相对高低水平是不变的,所不同的是,在区域层面,各国参与纺织服装产业链程度的差距没那么大。究其原因,在澜湄地区参与纺织服装产业链程度越高的国家,也更有能力参与全球层面的纺织服装产业链,从而在更高程度上参与全球层面纺织服装产业链。对于参与纺织服装产业链的程度来讲,全球分工相比区域分工具有放大效应。

表1-4　　**澜湄各国参与全球及区域内纺织服装产业链的程度** 单位:%

	柬埔寨	中国	老挝	缅甸	泰国	越南
全球	3.14	80.18	0.08	0.71	3.15	12.75
区域	6.26	46.71	0.22	3.59	9.06	34.16

注:全球层面的参与度用一国纺织服装贸易额占澜湄六国贸易总额的比重衡量,区域层面的参与度用一国纺织服装对其他澜湄国家贸易额占澜湄国家间贸易总额的比重衡量。

资料来源:作者根据联合国 Comtrade 数据库整理。

因为纺织原料、纺织制品和服装产品分别对应纺织服装产业的上游、中游和下游生产环节,纺织原料、纺织制品和服装产品的出口比重反映了各国在纺织服装产业链上的位置(见表1-5)。如果纺织原料比重高,则处于上游位置;如果纺织制品比重高,则处于中游位置;如果服装产品比重高,则处于下游位置。从全球层面来讲,澜湄六国除泰国处于中游位置外,其余澜湄国家均处于下游位置。从澜湄地区层面来讲,越南、泰国和中国均处于上游位置,柬埔寨、老挝、缅甸等则处于下游位置;同样是处于上游位置,泰国和中国还提供了较大比例的纺织制品,越南出口的服装产品比重则明显高于中国和泰国。如果考虑到越南棉花出口属于进口后的再出口,则越南处于产业链下游。可以看到,澜湄各国在全球层面和区域层面所处的位置并非完全一致。这表明,虽然从全球层面来讲,澜湄国家所处纺织服装产业链位置的重叠度较高，竞争性较强，但是从澜湄地区来讲，各国分工较为明确，互补性较强。

表 1-5　　澜湄各国参与全球及区域内纺织服装产业链的地位　　单位：%

		纺织原料	纺织制品	服装产品
柬埔寨	全球	0.13	9.31	90.55
	区域	3.13	15.93	80.93
中国	全球	18.95	23.20	57.85
	区域	45.24	39.27	15.49
老挝	全球	0.29	42.07	57.64
	区域	18.05	9.39	72.56
缅甸	全球	0.85	48.87	50.28
	区域	5.36	1.58	93.06
泰国	全球	33.20	33.45	33.35
	区域	52.48	36.75	10.77
越南	全球	8.56	35.85	55.59
	区域	60.96	16.42	22.62

注：地位用各国出口的纺织原料、纺织制品和服装产品的比重表示。

资料来源：作者根据联合国 Comtrade 数据库整理。

　　基于上述分析结果，还可以分析澜湄各国的纺织原料、纺织制品和服装产品三类纺织服装产品在该区域中的相对重要性（或曰实力）。一国参与澜湄地区纺织服装产业链程度的指标和该国在某种特定产品所处产业链地位指标相乘，即可得出该国该类产品的重要性指标。其含义是，比如在计算柬埔寨和中国的地位指标时，柬埔寨处于纺织服装产业链下游，中国处于上游，两国服装产品的地位指标分别是 80.93 和 15.49，柬埔寨的指标大于中国，但由于柬埔寨参与产业链程度较低，服装产品虽然是其自身的相对优势产品，其绝对规模仍然无法和中国比。将这两个指标通过相乘综合起来，就可以得知在服装产品上，中国的重要性大于柬埔寨。通过这一指标，可以看出在三类产品上澜湄各国的实力，从而得出各国的发展程度。

表1-6给出了计算结果。结果表明，在纺织原料上，中国和越南的实力明显高于其他国家，泰国也具备一定的实力，柬埔寨、缅甸和老挝的实力较弱。在纺织制品上，中国的实力最强，越南和泰国的实力也较强，柬埔寨、缅甸和老挝的实力较弱。在服装产品上，越南、中国、柬埔寨、缅甸的实力都很强，泰国和老挝的实力较弱。这表明，在澜湄地区的纺织服装产业发展中，中国属于第一梯队，泰国和越南属于第二梯队，① 柬埔寨和缅甸属于第三梯队，老挝属于第四梯队。

表1-6　澜湄各国在澜湄地区三类纺织服装产品上的相对重要性

	纺织原料	纺织制品	服装产品
柬埔寨	19.59	99.72	506.62
中国	2113.16	1834.30	723.54
老挝	3.97	2.07	15.96
缅甸	19.24	5.67	334.09
泰国	475.47	332.96	97.58
越南	2082.39	560.91	772.70

资料来源：根据表1-4和表1-5计算得出。

综上所述，澜湄纺织服装产业合作对各国具有重要意义。对于澜湄地区而言，在该地区参与纺织服装产业链的程度较高意味着也更有能力参与全球层面纺织服装产业链，参与地区纺织服装产业链是扩展到全球层面的基础，提升澜湄各国参与该

----

① 如果考虑到越南棉花的再出口问题，并非自身生产，则越南和泰国同属第二梯队。

地区纺织服装产业链的程度有利于提升其参与全球层面纺织服装产业链的程度。

澜湄纺织服装产业合作也具备可行性。澜湄六国是全球服装产品的重要提供者，是纺织服装产品的重要生产基地，全球各国对该地区纺织服装产品的较高依赖有利于该地区继续强化纺织服装产品的生产。而且，纺织服装产品确实是澜湄地区具有比较优势的产品，澜湄各国可以通过加强产能合作，充分发挥该地区纺织服装产品的生产优势。此外，澜湄各国在纺织服装产业链中处于不同位置，互补性较强，合作潜力较大。

在现有澜湄各国纺织服装产业发展能力中，中国属于第一梯队，越南和泰国属于第二梯队，柬埔寨和缅甸属于第三梯队，老挝属于第四梯队。应充分发挥中国的主导和带动能力，利用好越南和泰国较好的纺织服装产业实力，带动柬埔寨、缅甸和老挝的纺织服装产业发展，从而提升整个澜湄地区纺织服装产业链的发展水平。

第四节　澜湄地区各国纺织服装产业的定位

2016 年 3 月澜沧江—湄公河合作首次领导人会议发布的《澜湄国家产能合作联合声明》提出，纺织服装业是澜湄地区国家产能合作的优先领域之一；加速澜湄地区纺织服装业的产能合作，打造区域价值链和生产网络，大有可为。本部分的研究表明，加强澜湄地区纺织服装业的产能合作，需要深入产业的内部，因地制宜，各有侧重。

（一）纺织服装业内部结构演进的规律

传统的产业结构升级研究文献，通常将纺织和服装作为一个统一的整体进行讨论。但是如果深入到纺织服装业的内部，这三类部门的变动特征还是存在明显差别的。首先，伴随经济增长，劳动力和土地等生产要素成本的逐渐上升，纺织服装业的原料部门的生产

和出口将会不断下降。图 1 - 7 利用 2013 年世界各国的人均 GDP 和
原料部门出口数据，以及 LOWESS 方法，绘制了原料部门出口占比
和人均 GDP 变动之间的经验关系；可以看出随着经济的发展，原
料部门的出口占比呈现明显的下降趋势。

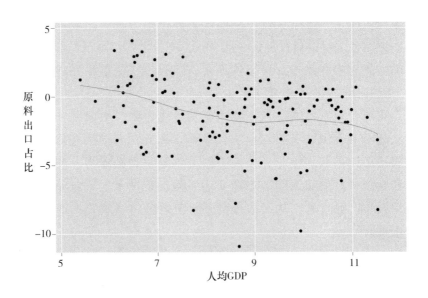

图 1 - 7　原料部门出口占比和人均 GDP 变动的经验关系

注：横坐标和纵坐标均为对数刻度，带宽为 0.8。

其次，纺织部门如纱线、纤维等的生产，对资本、技术密集而
劳动力相对短缺的国家，可以利用丰裕的资本和技术代替短缺的劳
动力；不仅如此，发达国家还可以通过开发高科技功能性及智能型
纺织品，提高纺织品档次，从而使其纺织部门持续处于世界领先水
平。也就是说，随着经济发展，纺织品部门出口占比可以在很长的
时间内维持增长态势。图 1 - 8 同样利用 2013 年世界各国的人均
GDP 和原料部门出口数据，以及 LOWESS 方法，绘制了纺织部门出
口占比和人均 GDP 变动之间的经验关系；可以看出随着经济的发
展，纺织部门的出口占比仍然可以维持缓慢的增长趋势。

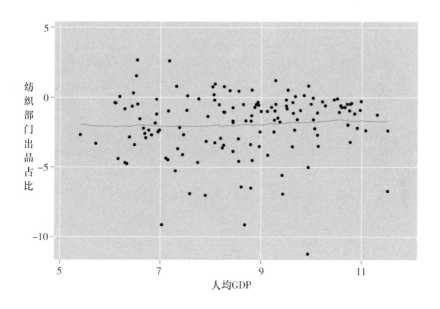

图 1 - 8　纺织品部门出口占比和人均 GDP 变动的经验关系

注：横坐标和纵坐标均为对数刻度，带宽为 0.8。

　　最后，相比之下，服装产品的生产对劳动力的需求量较大，在技术进步可以抵补劳动力等生产要素成本上升时，仍然可以保持上升的态势；但是超过一定的界限之后，资本和技术将很难大规模替代劳动力。因而随着经济的发展，服装企业不得不逐步进行国际转移，组织全球化生产，服装部门的出口占比也会随之下降。图 1 - 9 利用 2013 年世界各国的人均 GDP 和原料部门出口数据，以及 LOWESS 方法，绘制了服装部门出口占比和人均 GDP 变动之间的经验关系；随着经济的发展，服装部门的出口占比呈现明显的"倒 U 形"变动态势。

　　图 1 - 7 和图 1 - 8 中的趋势线，大致上都在人均 GDP 处于 5500 美元（2005 年不变价①）左右存在一个转折点。对于纺织服

————————

①　采用 2005 年作为基期，以便与前文对应。

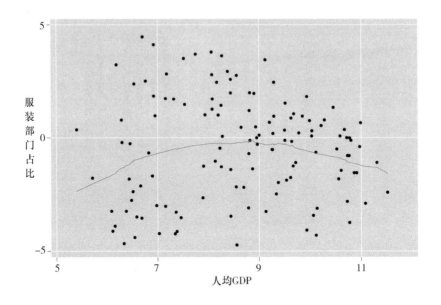

图 1 - 9　服装部门出口占比和人均 GDP 变动的经验关系

注：横坐标和纵坐标均为对数刻度，带宽为 0.8。

装业的原料部门，出口比重随人均 GDP 的增长逐渐下降，但在人均 GDP 处于 5500 美元以前下降的速度较慢，之后下降的速度较快。对于纺织服装业的服装部门，出口比重随人均 GDP 的增长呈现 "U 形" 变动趋势，在人均 GDP 处于 5500 美元之前和之后，服装部门出口占比先增后减。但是，对纺织部门而言，随着人均 GDP 的增长，其出口所占比重仍然可以保持缓慢的升势；只有在人均 GDP 达到 27000 美元（2005 年不变价）之后，才可能出现下降态势。

（二）澜湄地区各国的动议和政策

根据本国纺织服装产业的发展现状和前景，澜湄地区各国都出台了有关行业发展的不同规划和鼓励政策。

1. 中国

纺织服装业是中国传统支柱产业、重要民生产业和创造国际化新优势的产业，是科技和时尚融合、生活消费与产业需求并举的产业，在美化人民生活、增强文化自信、建设生态文明、带动相关产业发展、拉动内需增长、促进社会和谐等方面发挥着重要作用。目前面临的主要问题是产业创新投入偏低，创新型人才缺乏，综合创新能力较弱；要素成本持续上涨，国际比较优势削弱；中高端产品有效供给不足，部分行业存在阶段性、结构性产能过剩；质量标准管理体系有待进一步完善，品牌影响力有待提高；棉花体制市场化改革进程缓慢，国内棉花质量下降等。

中华人民共和国工业和信息化部根据《国民经济和社会发展第十三个五年规划纲要》，制定和发布了《纺织工业发展规划（2016—2020年）》。针对纺织服装业的原料部门，该规划提出鼓励行业龙头骨干企业跨国布局原料生产加工，建设棉花、羊毛、化纤等境外原料基地，稳定原料供应。针对纺织服装业的纺织部门，该规划提出提升产业创新能力、推进纺织智能制造、加快绿色发展进程等重要任务。针对纺织服装业的服装部门，该规划提出大力实施"三品"战略，支持品牌优势企业通过并购和股权资本合作等方式，提高目标市场属地销售品牌和市场渠道开拓能力，利用互联网、物联网等信息技术，建立与国外品牌配套的快速反应体系等任务。另外，具体到澜湄地区的合作，规划还涉及一些制度层面的工作，包括推进海关便捷通关和投资贸易便利化，加强澜湄国家技术标准合作，开展"经认证的经营者"（AEO）互认等。

2. **泰国**

纺织服装业在泰国经济中扮演着重要的角色，是泰国最重要的制造业之一，目前已经形成由纺纱、织造、针织、漂染、印花、裁剪、缝制、设计、包装等完整产业链条，产品结构丰富，涵盖从低端到高端的全部产品生产，能够满足全球高中低不同档次的市场需求，是除中国外的澜湄地区纺织服装产业供应链最齐备、架构最完整、最具竞争力的国家。其原因在于，泰国相关基础设施完备，公路、航空、海运运输便利，电力、水利供应充足。同时，泰国纺织服装企业集中在曼谷周围和泰国东部地区，约70%的产能集中在出口加工区内，可以免税进口原材料并且出口制成品，产业集群效应明显。

泰国政府将下一步的发展重点放在了纺织服装产业的服装部门，目标是鼓励加大科技创新投入，采取措施促进纺织服装业向具有高附加值的高科技纺织服装产业发展。为此，泰国出口促进部制定并实施了泰国纺织服装业发展计划，鼓励在现代纺纱、梭织、针织、染色、印花、后整理等环节开展技术创新；并采取一系列优惠政策鼓励外商投资纺织服装业，期望国外知名品牌赴泰投资，实现技术转移、提升产品质量、提高设计能力、强化下游产业、促进出口。

3. 越南

2011 年，越共十一大审议并通过《越南经济社会发展战略》，提出到 2020 年将越南建成迈向现代化的工业国，到 21 世纪中叶建成社会主义定向的现代化工业国目标。为此，越南将继续坚持以经济建设为中心，坚持五个发展理念，即快速发展与可持续发展相结合，经济革新与政治革新相结合，坚持以人为本，发展生产力与完善生产关系相结合，经济独立自主与扩大开放相结合，进一步加快经济结构调整。

在此基础上，越南工业部制定了《越南 2015 年至 2020 年纺织工业发展规划》，该规划旨在把纺织服装业建成重点龙头产业，以出口为主，并逐步满足国内消费需求；同时，特别强调了部分纺织品自给能力的建设。根据该规划，河内市将建成纺织业的服务、原料供应、技术和设计中心以及高附加值产品的生产基地，以胡志明市为中心的东南部地区和九龙江平原两个地区，将成为时装设计中心、服装样品生产中心、服务和原辅料供应中心、纺织技术中心等。同时，将各地纺织厂搬迁到南定、河南、永福、北宁、宁平省和海防市的工业区，红河平原地区将形成一个纺织品出口生产基地和三个印染工业区。到 2020 年，纱线年产量将达 65 万吨，布匹 20 亿平方米，服装成品 40 亿件，出口 250 亿美元，产品国产化率 70%，创造就业机会 300 万个。在海防、北宁、新安、太平、清化、岘港、广义、平阳、龙安、同奈、芹苴11个省市建成11个纺织服装工业园。为此，越南政府欢迎外商以独资、合资、合作经营方式投资越南纺织服装业，主要政策参照《越南外国投资法》及其《实施细则》执行。不仅如此，根据越南第108/ND-CP政府议定，纺织行业被列为越南政府给予优惠待遇的投资领域，投资生产纺织业、制衣业、皮革业的机械设备，编织及加工纺织制成品，生产丝绸和纤维类纱线，制革和皮革加工生产与加工都能享受相关优惠。除国家对投资规定的优惠政策外，不同地区和不同工业区还可在地租、税收、收费等方面提供更加优惠的政策。

4. 缅甸

缅甸具有较高的服装制作工艺，多年为日本、韩国等高端市场生产，积累了一定的高端纺织服装产品制造经验。与此同时，缅甸是享受欧盟普惠制待遇的国家，享受出口免税待遇，成衣对日出口也免税；缅甸拥有数个港口，海路运输便利；互联网和电信基础设施不断完善，方便商务通信；缅甸拥有较低的劳动力成本和充足的劳动力资源，且劳动力素质不断提升。国际纺织业监测机构预测，缅甸服装业到2020年出口将达120亿美元，从业人数达150万人。

服装行业是缅甸新政府优先发展的行业。为提供明确的经济发展路线图，缅甸政府在2015年3月发布首份国家出口策略，提出一个旨在改善该国出口能力的五年规划。根据国家出口策略，七大重点行业被认定为有很大潜力推动经济发展和创造就业机会，其中包括服装业。为增强缅甸服装业的优势和竞争力，国家出口策略提出多项措施，包括发展出口基础设施（如深水海港）、生产地点（如特定行业的经济特区）、制定符合国际标准的国家质量标准，以及提升现行的监管及法律框架，为制造商和工人的权益提供更好的保障。特别值得注意的是，国家出口策略指出，服装业需要沿价值链向上发展，较长远发展的目标应是从目前的CMP模式移向离岸交货（Free-On-Board）的经营方式。

5. 柬埔寨

最近五年来，柬埔寨社会经济取得了较为显著的成就，从世界银行定义的"低收入国家"晋升为"中低收入国家"。服装产业（柬埔寨称为制衣业）是柬埔寨工业的两大支柱之一。生产成本是柬埔寨服装业的最大优势。另外，作为最不发达国家，多国给予柬埔寨普惠制待遇，也令柬埔寨产品更具价格竞争力。柬埔寨充分利用欧盟给予的新普惠制（GSP）和美国、欧盟、日本等 28 个国家给予的最惠国待遇（MFN）等优惠政策，凭借本国劳工成本低廉的优势，积极吸引外资投入制衣和制鞋业。服装业既是柬埔寨工业的支柱，又是柬埔寨提供就业、消减贫困、保持社会稳定的主要力量。

为保持经济的中高速增长，解决自身经济中存在的问题，尽快融入区域经济一体化进程，2015 年 8 月，柬埔寨提出了《2015—2025 工业发展计划》，强调优先发展高附加值、创新和具有竞争力的新兴工业和制造业；通过发展工业园区来促进特别经济区的全产业链发展；简化特别经济区的贸易程序，为出口农产品和制造业产品提供便利条件；大力支持对未来产业提供战略支持的支柱性产业。具体到服装产业，目标是到 2025 年，使柬埔寨服装产业由劳动密集型向技术密集型转变，服装产业占 GDP 比重从 2013 年的 15.5% 提高到 20%，并将发展纺织产业链上下游配套环节列为制造业重点发展方向之一。

6. 老挝

老挝目前仍是联合国认定的世界上最不发达国家之一。国内服装消费产品主要是家庭作坊式生产，只有四五家具有工业机械的工厂。老挝的优势在于地广人稀；同时，欧美设置的贸易壁垒较少，其产品进入美国市场没有配额限制，进口关税为 0—5%；进入欧盟市场无进口关税，但须有配额；进入南亚市场既无配额限制，也无进口关税。

老挝第八届国会第一次全体会议批准了关于国家发展、摆脱最不发达国家地位的一些重要问题。国会同意并批准了第八个社会经济发展五年规划（2016—2020 年）、十年社会经济发展战略（2016—2025 年）以及 2030 愿景中设定的目标。未来十年，老挝政府将努力推动经济不断增长，预计国内生产总值较 2015 年增长 4

倍，年增长率至少为 7.5% 。同时，政府计划使税收额达到国内生产总值的 19%—20% ，支出大约为国内生产总值的 25% 。政府还希望农林部门的平均增长率为 3.2% ，服务业部门为 8.9% ，而工业部门的增长率能较 2015 年翻一番，达到 9.3% 。但是，老挝目前还没有出台针对纺织服装产业的发展规划。

（三）对澜湄地区各国发展重点的建议

针对澜湄地区六国纺织服装业价值链的发展，各个国家应该遵循纺织服装业价值链内部变迁的规律，立足自身的发展阶段、要素禀赋等因素，选择未来发展的重点，既不要超前发展，也不要面面俱到。

对中国而言，可以将未来的发展重点放在高科技纺织品的生产上；泰国可以考虑重点发展高附加值的技术密集型服装业；越南可以在现有劳动密集型服装业发展的基础上，向发展技术密集型的高附加值服装业转型；缅甸和柬埔寨应继续重点发展劳动密集型的服装制造环节以及原材料部门；老挝可以重点发展纺织服装业的原材料部门（见表 1 - 7）。

表 1 - 7　　澜湄国家适宜发展重点与实际规划重点对比

	原料部门	服装部门		纺织部门
		劳动密集型	技术密集型	
中国			+ √	+ √
泰国			+ √	
越南		+ √	+ √	√
柬埔寨	+	+ √	√	
缅甸	+	+ √		
老挝	+			

注："+"表示适宜发展的部门，"√"表示各国规划的发展重点。

与之对应，目前澜湄各国在纺织服装业的发展方面，中国、泰国两国选择的发展重点基本符合纺织服装业内部产业结构变迁的规律。需注意的是：第一，越南纺织服装业发展的下一步是劳动密集型服装业向技术密集型服装业的转型，但越南将发展重点部分放在纺织部门，虽然在一定程度上保证了产业链的安全，但超越了纺织服装业内部变迁的阶段；第二，柬埔寨的下一步发展重点仍然是劳动密集型的服装业，鼓励发展技术密集型服装业不可避免将面临众多制约；第三，柬埔寨和缅甸在发展劳动密集型服装业的同时，仍然需要根据自身的土地资源禀赋，发展适合当地种植的纺织服装原料部门；第四，老挝目前还没有针对纺织服装业的发展规划，后续如制定的话，建议结合中国投资，给予纺织服装业原料部门足够重视。

第五节　政策建议

澜湄六国占全球纺织品服装出口贸易额的40%以上，澜湄国家在纺织服装领域拥有共同的对外利益。同时，纺织业作为典型的劳动密集型产业，关系到各个国家的就业、收入等民生问题。通过加速发展纺织服装业的国际产能合作，打造区域生产网络和提升价值链的地位是未来澜湄产能合作的重中之重。为了加速推动区域内纺织服装产业的合作，我们建议：

（一）机制建设：设立纺织服装产业联合工作小组

澜湄地区的纺织服装业发展依然面临诸多问题，有必要在区域产能合作的层面，由六国联合成立管理和协调纺织服装行业发展的组织机构，共谋发展方向，协力解决问题，共促产业发展。目前，澜湄机制架构下的产能联合工作小组已经成立且召开了三次工作组会议，正在制定未来产能合作三年行动纲领。建议在产能合作联合工作小组下面设若干重点产业工作小组。鉴于纺织服装产业合作已粗具规模，可以考虑优先设立纺织服装产业联合工业小组。其主要组织结构和功能如下：

（1）成员构成

各国纺织服装产业负责机构各出一名代表。

（2）主要职责

①定期召开工作小组会议，制定纺织服装业产能合作发展规划，并审议计划的执行情况；

②协调澜湄地区各国的发展战略和政策，形成合力，减少摩擦；

③审批重大合作项目并给予政策及资金上的支持与协助；

④加强产能提升能力建设，开展经验交流与培训；

⑤组织纺织服装业合作论坛或投资合作洽谈会，帮助企业创造合作商机；

⑥组织纺织服装产品展销会、博览会等，加强澜湄国家间贸易促进活动。

⑦解决问题，调解纠纷。

通过纺织服装产业联合工作小组的设立，为加强六国间的纺织服装产业合作制定规划、指引方向、提供商机、消除短板，从而实现互利共赢。

（二）平台建设：设立澜湄地区纺织服装产业信息交换平台

澜湄地区的纺织服装企业众多，出口目标市场极为相似，加剧了澜湄国家在第三方市场的竞争；域内各国分别参与了多个区域一体化协定，"面条碗"效应使一些优惠措施难以发挥应有的作用；国际、国内政治经济环境的瞬息万变也给进出口贸易增加了许多不确定性；各国纺织服装行业信息的不对称、不完备，错失了很多合作机遇。因此，有必要在"互联网＋"的背景下，建立基于互联网和大数据的纺织服装产业信息综合服务平台，为参与全球价值链的域内纺织服装企业提供信息支持和信息交流服务。

（1）牵头机构

中国纺织信息中心。

（2）平台功能

①各国贸易政策、纺织服装行业规制和关税等基本信息；

②国际、国内出现的新情况可能给纺织行业带来的影响分析；

③纺织和服装行业的供求信息；

④纺织服装产业数据库：产业、贸易和投资的全部数据。

总之，通过搭建纺织服装产业信息服务平台，减少信息不对称给企业带来的不必要风险。

（三）互联互通：完善交通、通信和能源等方面的基础设施建设

澜湄合作自成立以来，已经在基础设施建设与互联互通领域取得了一定的早期收获。但湄公河五国的交通、通信和能源等方面的基础设施水平和服务能力还处在低水平阶段，成为影响澜湄地区产能合作的重要因素。如老挝是一个内陆国家，四面均不临海，没有出海港口，物流运输主要依靠公路和少有的铁路和空运，成为其参与全球价值链发展的瓶颈。因此，加强澜湄地区的基础设施建设，实现区域内的互联互通，对于促进域内产能合作具有重要作用。

从纺织服装产业合作来看，由于澜湄地区的纺织产业园区及基地主要分布在沿海、沿江和边境地区，较易形成互联互通优势。但目前互联互通状况不尽如人意，缺乏区域间的互相协调，没有形成跨国、跨区域的联系，没能充分发挥沿澜沧江—湄公河流域的地缘优势，也成为阻碍纺织服装产业的重要因素，迫切需要改进。因此，我们建议：

第一，优先支持澜湄地区交通基础设施建设项目，充分利用亚投行和澜湄基金等资金，将澜湄地区的互联互通当作首要任务来抓。

第二，着力共建共享基础设施体系，重点开展沿江流域和跨境的基础设施合作。围绕边境线、湄公河流域线、公路线、通信线等，与湄公河国家共同制定互联互通整体规划，推进陆水联运大通道建设，加快推进澜沧江—湄公河次区域高等级国际航道疏通整治，打造国际黄金航道。

第三，湄公河国家普遍缺电，因此要以电力跨境联网为重点，推动构建连接澜湄地区的跨国电力网络，系统推进输电线、城乡电网、农村公路建设，从而发挥广泛的溢出效应，更好地惠及广大民众。

（四）人才培养：设立专业技术人才培养专项基金

虽然澜湄流域国家的适龄劳动人口比较丰裕，为纺织服装产业的合作发展提供了丰富的劳动力资源，但由于多数劳动力是从农村转移到城市的，文化素质较低，甚至很多没有受过教育（如老挝），这就直接导致了工作效率低下，劳动生产率普遍比中国低40%左右，在一定程度上抵消了劳动力成本低的优势。为此，培养高素质的劳动力成为当务之急。

为此，建议在澜湄合作框架下设立纺织服装专业技术人才培养专项基金，主要用于：

第一，各国纺织服装产业相对集中的地区设立纺织服装专业技术学校，采用学历教育、实用技术培训、研修、考察交流等多种形式，培养纺织服装行业发展所需的各领域人才，提高区域内劳动者和技术人员的技术水平；

第二，资助澜湄地区的优秀青年和中青年干部到国外接受正规的学历教育；资助符合企业需求的专业人才去海外进修。

（五）金融支持：加强对中小企业参与纺织服装价值链的金融支持力度

中国作为澜湄合作的积极推动者与参与方，设立了澜湄合作专项基金，并相继与柬埔寨、老挝、缅甸签署澜湄专项基金项目合作协议，为各国合作项目的落地实施注入了新的活力，发挥了重要作用。但参与纺织服装产业合作的企业多为中小型企业，普遍存在资金短缺、融资难的问题，因此，加大对对外投资及参与价值链企业提供金融支持的力度意义重大。

第一，建议设立纺织服装产业专项投资基金，以资助具备良好的技术水平和优势，但缺乏资金"走出去"的企业实现"梦想"。

第二，充分利用澜湄基金，让更多有意愿参与澜湄区域内价值链生产的企业了解澜湄基金，用好澜湄基金；积极鼓励并帮助企业参与澜湄基金重点项目的投标，以获得金融支持。

第三，积极构建业务平台，建立多层次的银企对接形式，建立咨询、交流业务。

第四，积极推进信用体系建设，提高中小企业的信用评估信息系统，帮助企业建立业务体系和信用企业的信任体系。

（六）技术创新：联合组建纺织服装产业技术研发中心

澜湄地区虽然已经初步建立了纺织服装产业价值链，但域内六国均处于价值链的中低端。未来要保持在该领域的国际竞争力，就必须努力向产业链的高端发展，增加产品的附加价值。为此，先进技术的研发就显得无比重要。鉴于六国中的中国和泰国的研发能力相对较强，建议以两国的技术研究人员为核心，组建澜湄地区纺织服装技术联合研发中心。

（1）研发中心

2 个，分别设在上海和曼谷。

（2）资金来源

澜湄基金和企业出资。

（3）主要业务

新产品的开发、设计，产品功能测试，企业技术支持等。

（4）研发方式

设定重点研发课题，以中国和泰国研发人员为核心，吸收其他国家的研究人员、企业的技术人员共同参与，成果共享。

澜湄纺织服装产业合作的发展需要与各国的发展战略协调对接，处理好各方的不同利益与需求，促使各国真正投入其中，共同努力，共同发展。

第六节 结论

澜湄地区首选纺织服装产业作为重点合作领域是遵循产业发展的一般规律、符合各国经济发展阶段的最现实选择。

历史发展经验证明，纺织服装业的发展与一国经济发展阶段紧密相连，是发展中国家走向工业化的最佳选择，也是其融入世界经济的"垫脚石"。

一般情况下，低收入国家依靠劳动力成本优势，适合发展劳动密集型产业，为服装产业的发展预留了空间。这些国家通过服装产业的发展逐步融入全球价值链中，积累经验、集聚财富，为经济起飞奠定基础。目前，老挝、柬埔寨、缅甸和越南就处在这一阶段。依靠劳动力成本等优势，这四个国家的服装产业已粗具规模，积累了一定的经验和财富。其中，柬埔寨和越南的服装产业发展更快，已经具有相当的规模，并开始向纺织产业发展。

进入中等偏上收入的国家，由于服装业已处于成熟期，技术、资金、创新等要素成为更加重要的竞争优势，是纺织产业发展的最佳时期。目前，中国和泰国已进入这一阶段，纺织逐渐取代服装成为纺织服装产业发展的主力。

当一国为发达国家时，纺织服装业的生产环节会进入衰退萎缩阶段，生产规模大幅下降，进口增多，更加依靠品牌、市场、设计、研发等高附加值环节。目前澜湄六国均未进入这一阶段。但中国和泰国已经开始把目光转向这些环节，并努力向价值链的高端转移。

澜湄地区纺织服装价值链发展的经验证明，只有遵循纺织服装产业发展以及纺织服装产业价值链发展的一般规律，才是最切合实际的，也是发展最快的一种方式。 未来，澜湄地区的纺织服装业发展将继续遵照规律，找准各国的定位和发展方向，积极解决各种妨碍发展的问题，努力完善、深化本地区纺织服装产业基于价值链的合作，为推动澜湄流域经济发展带的其他产能合作提供更多宝贵的经验和发挥示范作用，以带动整个澜湄地区的产能合作，提升该地区的经贸合作水平。

澜湄地区纺织服装价值链的发展同样证明，以深度参与价值链的方式融入区域合作当中，是促进国内产业结构转型和升级的最好途径。处于澜湄地区纺织服装产业价值链上游的中国和泰国，通过将部分劳动密集型的服装产业转移至越南、老挝、柬埔寨和缅甸等低收入国家，既解决了因劳动力短缺和成本上升带来的生存压力，也得以集中力量发展技术和资本密集型的纺织产业，成功实现了由服装逐步向纺织乃至设计和品牌方向的转型升级；低收入国家也通过吸纳中国和泰国的产业转移，实现了由第一产业向第二产业的转型升级，为其工业化的发展奠定了基础，积累了财富，为经济的腾飞打下了坚实的基础。相信，随着未来澜湄地区纺织服装价值链的进一步深化，将给澜湄流域经济发展带的发展带来更多的好处、更大的实惠。

第二章 柬埔寨

Ven Seyhah*

引　言

本章主要阐述澜湄合作背景下柬埔寨参与地区纺织服装业价值链的状况，以案例研究、从相关政府部门和国际数据库收集的数据以及对相关政府官员、柬埔寨服装制造商协会和若干服装厂的深度采访为基础。本章结构安排如下：第一节阐述柬埔寨纺织服装业现状及该行业对国民经济的贡献；第二节说明柬埔寨在纺织服装业全球价值链中处于怎样的地位；第三节论证柬埔寨纺织服装业相比澜湄区域其他国家的优劣势；第四节提出关于澜湄合作和发展地区纺织服装业价值链的建议。

第一节　柬埔寨纺织业价值链发展状况

柬埔寨过去几十年取得了长足发展，2000 年、2010 年和 2016 年的经济增长率分别达到 8.8%、6.0% 和 6.9%。20 世纪 90 年代初，该国 GDP 为 25.3 亿美元，到 2000 年、2010 年和 2016 年则分别增至 36.5 亿美元、112.4 亿美元和 200.2 亿美元（见表 2 - 1）。更引人注目的是，2015 年，柬埔寨的人均国民总收入已经达到 1070 美元，高于世界银行的低收入国家基准线（1025 美元）。这

* 感谢 PHAY Sokcheng、Pon Dorina、YOENG Sereirot 在写作和调研中给予的帮助。

意味着，该国已经接近成为中等偏下收入国家（人均国民总收入1026—4035 美元）。这种强劲的成长是由服装出口、精米生产、旅游业和建筑业推动的。与此同时，还有迹象表明，柬埔寨经济正从农业型经济向工业和服务型经济转变。从表 2-1 可以看出，农业部门在 GDP 中的比例正在下降，而工业和服务业在 GDP 中的比例则呈现上升趋势。

表 2-1　　　　　　　　　柬埔寨部分经济指标

年份	1990	2000	2010	2016
GDP（现值美元）（十亿美元）	2.53*	3.65	11.24	20.02
人均国民总收入（按阿特拉斯法计算，现值美元）	..	300	750	1140
GDP 增速（年增长百分比）	..	8.8	6.0	6.9
农业增加值占 GDP 百分比	47*	38	36	27
工业增加值占 GDP 百分比	13*	23	24	32
服务业等其他行业增加值占 GDP 百分比	40*	38	40	42

注：＊表明数值对应的期间并非表中所示的期间。

资料来源：世界银行世界发展指标数据库。

（一）柬埔寨纺织业发展状况

1. 整体状况：在国民经济中的地位和角色

纺织服装业属劳动密集型行业，资金需求低。它是工业化的基础，是发展中国家进入全球价值链的入口。柬埔寨以出口为导向的服装制造业于 1994 年起步，最初由来自中国（含香港、台湾）、马来西亚和新加坡的外商直接投资推动。1997 年，由于美国的配额方案和欧盟的普惠制（GSP）为柬埔寨提供优惠市场准入，该行业的规模开始迅速扩大。表 2-2 显示，该行业的产值已从 1997 年的 1.46 亿美元增至 2016 年的 21.387 亿美元。同一时期，相关注册公司的数量也从 67 家大幅增加至 1124 家，从业人员从 82000 人增加至 762020 人。但是，柬埔寨商业部提供的数据显示，相关注册公司中仅有 575 家公司仍在营业，其他公司已经暂停或停止营业。

表 2 - 2　　服装业增加值、企业数量、从业人数和工资（1997—2016 年）

年份	1997	2002	2007	2012	2016
总增加值（百万美元）	146.0*	493.3	1058.6	1395.2	2138.7
注册公司数量	67	187	432	769	1124
从业人数	82000	208000	414789	480234	762020

注：＊1997 年的数据无法获取，此处用 1998 年的数据代替。

资料来源：总增加值来自柬埔寨国家统计局全国数据；注册公司数量及从业人数为柬埔寨当局的估计数据。

　　柬埔寨境内服装厂主要分布在三类地区——首都圈、边境区和海港区。大多数服装厂位于首都圈周边（包括金边、干丹省、磅士卑省、磅清扬省），可能因为这里拥有良好的配套基础设施、设备、物流条件，并能为外国投资者和大量工人创造良好的生活环境。首都圈周边的服装厂有 335 家位于金边市，105 家位于干丹省，42 家位于磅士卑省，11 家位于磅清扬省。

　　柬泰、柬越边境的经济特区和海港附近也集中着大量服装厂。柬越边境的服装厂数量高于柬泰边境，因为柬越边境离胡志明市机场和西贡港非常近。柬越边境有 25 家服装厂位于柴桢省，该省设有多个经济特区。另有 14 家位于武雄省。柬泰边境有 3 家服装厂位于班迭棉吉省，1 家位于戈公省。

　　西哈努克港是柬埔寨唯一的深海港，位于该国南部的西哈努克省。西哈努克省有 26 家服装厂。离西哈努克省 99.9 公里的贡布省有 4 家服装厂。

　　图 2 - 1 给出了 1998—2016 年鞋服行业及其他行业占 GDP 的比例。这一时期，鞋服行业产值占 GDP 的比例在 10% 左右浮动。从图中可以看出，这一指标从 1998 年的 5.0% 增至 2000 年的 9.2%，在 2001—2008 年达到历史高峰（10.8%—13.3%）；2008—2016 年，这一指标回落到 9.0%—10.6% 的水平。

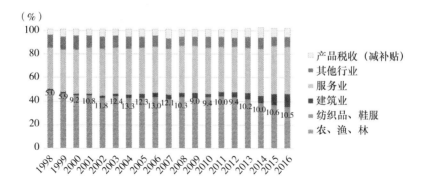

图 2 - 1　鞋服行业及其他行业占 GDP 的比例（1998—2016 年）

资料来源：柬埔寨国家统计局全国数据。

图 2 - 2 显示的是纺织、鞋服行业的增速。该行业在 2007 年之前的增速最快（10.1%—64.1%），平均增速达 27.5%，到 2007 年降至 9.4%，2008 年降至 1.9%，2009 年为 - 9.8%。2008 年国际金融危机是该行业 2009 年增速急剧下滑的原因。此次危机沉重打击了柬埔寨的纺织服装业。由于包括美国和欧盟在内的发达国家需求疲软，服装出口和从业人数大幅下降。来自大企业的订单数量减少对从事转包的国内小企业影响最大。此次危机过后，纺织服装业迅速回暖，2010 年增长 11.8%，2011 年增长 17.9%。随后几年，该行业的增速在 7.5%（2012 年）和 10.0%（2016 年）之间浮动。

图 2 - 3 展示的是 2000—2016 年主要经济部门对 GDP 增长的贡献。鞋服行业的 GDP 增长贡献率与该行业的增速呈现相同的趋势。2007 年之前，该行业是对 GDP 增长贡献最大的行业。该行业的 GDP 增长贡献率在 2000 年达到 6.3%，之后在 1.1%—3.3% 范围内浮动。同一时期，其他行业的 GDP 增长贡献率呈现不断上升的趋势。但是，受 2008 年国际金融危机的影响，2009 年，鞋服行业将 GDP 增速拉低了 0.8%。2010 年，该行业的 GDP 增长贡献率回升至 1.7%，2011 年回升至 2.0%。2012—2016 年，该行业的 GDP 增长贡献率为 0.6%—1.1%，而服务业和其他行业则开始在 GDP 增长中扮演重要角色。

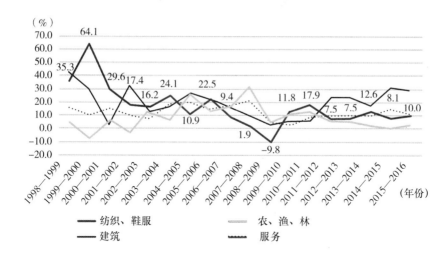

图 2 - 2 纺织、鞋服行业的增速（1998—2016 年）

资料来源：柬埔寨国家统计局全国数据。

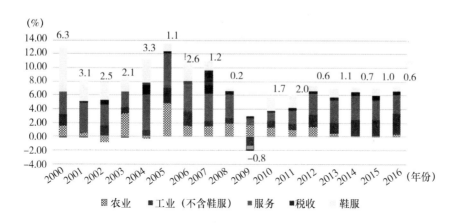

图 2 - 3 主要经济部门对 GDP 增长的贡献（2000—2016 年）

资料来源：作者根据柬埔寨国家统计局全国数据，采用年度环比连接法计算得到的结果。

2. 纺织行业价值链发展状况

全球价值链指一国生产零部件等中间投入品出口给其他国家，其他国家通过进一步的生产和组装作业制造出最终产品的生产板块。纺织服装全球价值链包括服装、纺织品、纤维的生产活动和相关机械的制造活动。附加值从低到高依次为服装生产、纺织品生产、纤维生产和机械制造。

20 世纪 50 年代起，纺织服装全球价值链开始在各国之间流动，这种流动取决于各国的比较优势（包括优惠市场准入、劳动力成本）。这一论述符合 Spinanger 和 Verma（2003）的研究结果：发达国家提供的配额是纺织服装制造商选择制造基地和原料基地最重要的考虑因素（Bargawi，2005）。如果某个国家丧失优惠市场准入且工资水平上升，纺织服装制造商会转移到更具比较优势的其他国家。20 世纪 50 年代起，纺织服装厂从北美、西欧搬到日本，从日本搬到"亚洲三小虎"（中国香港、韩国、中国台湾），然后从"亚洲三小虎"搬到中国其他地区、南亚和包括柬埔寨在内的东南亚。20 世纪 90 年代末至今，柬埔寨只参与低附加值的服装制造活动，相关机械和原材料则全部从参与服装价值链高附加值板块的其他国家进口（见表 2-3）。

表 2-3 　　　　　　　　　亚洲经济体对服装价值链的参与

国家/地区	服装价值链板块			
	服装	纺织品	纤维	机械（纺纱机、织机、缝纫机）
日本	20 世纪 50 年代、20 世纪 60 年代初	20 世纪 60 年代至今		20 世纪 70 年代至今
中国香港 韩国 中国台湾	20 世纪 60 年代末、20 世纪 70 年代、20 世纪 80 年代初	20 世纪 80 年代末至今		—
中国大陆 印度尼西亚 泰国 印度 巴基斯坦	20 世纪 80 年代末	20 世纪 90 年代	—	—

续表

国家/地区	服装价值链板块			
	服装	纺织品	纤维	机械（纺纱机、织机、缝纫机）
孟加拉国 柬埔寨 越南	20 世纪 90 年代中—21世纪前十年末	—	—	—
附加值	低→高			

资料来源：摘自 Gereffi 和 Frederick 发表的文章（2010，40）。

　　图 2-4 给出了柬埔寨和其他国家的全球价值链参与指数。全球价值链参与指数是"一国（作为自身出口活动的国外附加值的使用者和其他国家的出口活动使用的中间产品或服务所体现的国内附加值的提供者）对垂直专业化生产的参与程度的单一衡量指标（Taglioni 和 Winkler，2016，101）"。"使用者"涉及的活动是购买活动（后向关联），"提供者"涉及的活动是出售活动（前向关联）。图 2-4 显示，柬埔寨的全球价值链和后向关联指数最高，表明柬埔寨专注于购买活动，且参与服装全球价值链的程度最高。柬埔寨的服装出口总额包含很高比例的国外附加值。但是，该国的前向关联指数非常低。

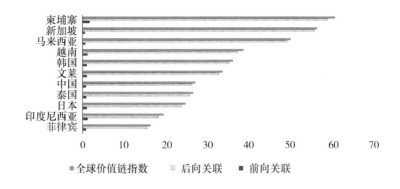

图 2-4　纺织品、皮革、鞋类产品全球价值链参与指数（2011 年）

资料来源：根据 OECD. Stat 网站 TiVA 数据库的数据计算得到的结果。

第二节 柬埔寨纺织服装业对国际合作和
澜湄合作的参与

（一）柬埔寨纺织服装进口

柬埔寨在纺织服装全球价值链中专注于购买活动，从其他国家（尤其是中国）进口大量服装半成品。2016 年，柬埔寨的服装半成品进口额为 3440 万美元，约为成衣出口额的一半（见图 2 - 5）。从中国进口的服装半成品所占比例最高，约为 72.5%。其他服装半成品来源地有中国香港、越南、韩国、泰国等。图 2 - 6 给出了2013—2016 年柬埔寨进口的纺织服装产品的构成情况。2013—2016 年，进口最多的是针织或钩编面料（HS60），平均占总进口额的 19.0%；进口第二多的是人造短纤维（HS55），平均占总进口额的 9.3%。

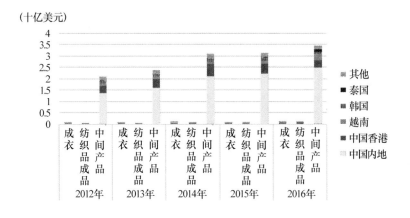

图 2 - 5 柬埔寨服装进口情况（按生产板块划分）（2012—2016 年）

资料来源：世界银行 WITS 数据库。

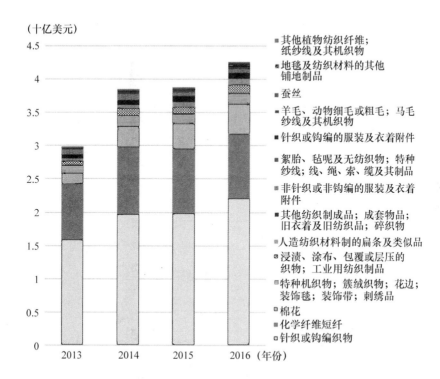

（十亿美元）

其他植物纺织纤维；纸纱线及其机织物
地毯及纺织材料的其他铺地制品
蚕丝
羊毛、动物细毛或粗毛；马毛纱线及其机织物
针织或钩编的服装及衣着附件
絮胎、毡呢及无纺织物；特种纱线；线、绳、索、缆及其制品
非针织或非钩编的服装及衣着附件
其他纺织制成品；成套物品；旧衣着及旧纺织品；碎织物
人造纺织材料制的扁条及类似物
浸渍、涂布、包覆或层压的织物；工业用纺织制品
特种机织物；簇绒织物；花边；装饰毯；装饰带；刺绣品
棉花
化学纤维短纤
针织或钩编织物

图 2 - 6 柬埔寨进口的纺织服装产品的构成情况（按生产板块划分）

（2013—2016 年）

资料来源：国际贸易中心贸易图。

（二）柬埔寨纺织服装出口

表 2 - 4 显示的是 2012—2016 年柬埔寨的服装出口情况（按生产板块分，包括成衣、纺织品成品和服装半成品）。成衣是出口最多的服装，这五年出口额大幅增长，从 2012 年的 40.078 亿美元增至 2016 年的 66.169 亿美元。纺织品成品和服装半成品的出口额仍然较低。2016 年，纺织品成品出口额仅为 11360 万美元，服装半成品出口额仅为 4000 万美元。

柬埔寨大多数服装厂专门从事出口。表 2 - 5 给出了 2000—2016 年柬埔寨纺织品的出口额（HS50—HS63）。这一时期，纺织品出口额从 2000 年的 10 亿美元大幅增至 2016 年的 68 亿美元。值得注意的是，受 2008 年国际金融危机影响，2009 年的服装出口同比下降了 18.9%。2015—2016 年，服装出口增加了 12.5%。

表 2-4   柬埔寨的服装出口情况（按生产板块划分）（2012—2016 年）

生产板块	出口额（百万美元）				
	2012 年	2013 年	2014 年	2015 年	2016 年
成衣	4007.8	4809.5	5324.7	5915.9	6616.9
纺织品成品	19.6	48.2	34.4	82.5	113.6
服装半成品	19.6	37.1	22.7	32.0	40.0

资料来源：世界银行 WITS 数据库。

表 2-5   柬埔寨纺织品出口（HS50—HS63）（2000—2016 年）

年份	出口（十亿美元）	增长率（%）
2000	1.0	
2001	1.2	18.0
2002	1.3	15.5
2003	1.6	21.4
2004	2.0	23.9
2005	2.2	11.8
2006	2.7	19.1
2007	2.7	0.6
2008	3.0	12.7
2009	2.5	-18.9
2010	3.1	24.6
2011	4.0	31.3
2012	4.1	0.9
2013	4.9	20.9
2014	5.4	9.8
2015	6.0	12.3
2016	6.8	12.5

资料来源：作者根据联合国商品贸易统计数据库的数据计算得到的结果。

美国在 2012 年之前一直是柬埔寨服装的最大进口国。但是，美国占柬埔寨服装总出口额的比例已从 2000 年的 75.7% 降至 2016 年的 25.5%。这表明，柬埔寨将出口目的地拓展到了全球其他国家，减少了自身对美国市场的依赖。2016 年，柬埔寨服装前十大进口国为美国、英国、德国、日本、加拿大、西班牙、比利时、法国、荷兰、中国。截至当年，美国是柬埔寨服装的最大进口国，占柬埔寨服装总出口额的 25.5%。英国、德国、日本、加拿大、西班牙、比利时、法国、荷兰、中国所占的比例分别为 11.1%、10.1%、9.1%、8.5%、5.5%、4.4%、3.3%、3.4%、2.3%。如果将欧盟各国视为整体，欧盟才是柬埔寨服装的最大进口国（见图 2-7）。

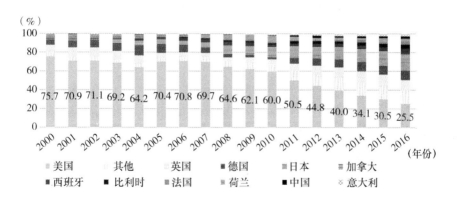

图 2-7 柬埔寨纺织品出口（HS50—HS63）（按出口目的地划分）
（2000—2016 年）

资料来源：作者根据联合国商品贸易统计数据库的数据计算得到的结果。

表 2-6 显示的是柬埔寨前十大出口商品，用两位协调制度（HS）编码表示。迄今为止，针织或钩编的服装及衣着附件（HS61）是柬埔寨出口最多的商品。2016 年，这类商品的出口额为 61 亿美元，占该国总出口额的 45.3%。出口第二多的商品是非针织或钩编的服装及衣着附件（HS62）。2016 年，这类商品的出口额为 5.19 亿美元，占该国总出口额的 3.9%。HS61 和 HS62 占该国

总出口额的比例之和为 49.2%。这说明柬埔寨的经济高度依赖服装（尤其是 HS61 和 HS62）出口。附录表 2 – 13 和表 2 – 14 分别列出了 HS61 和 HS62 类别下的出口商品，用四位 HS 编码表示。

表 2 – 6   柬埔寨前十大出口商品（2013—2016 年）

编码	产品类别	出口额（千美元）			
		2013 年	2014 年	2015 年	2016 年
61	针织或钩编的服装及衣着附件	4540976	5076718	5550192	6108119
62	非针织或钩编的服装及衣着附件	265467	243161	366281	519080
64	鞋靴、护腿和类似品及其零件	346061	418604	637000	781779
42	皮革制品、鞍具及挽具、旅行用品、手提包及类似容器等	16749	37005	95839	150408
85	电机、电气设备及其零件；录音机及放声机、电视等	225017	53026	321291	434213
87	铁路车辆和电车以外的车辆及其零配件	363050	4941	281295	354214
10	谷物	252730	232160	285643	306520
71	天然或养殖珍珠、宝石或半宝石、贵重金属、包层金属等	7595	39847	54162	209248
43	毛皮、兽皮及其制品	—	—	166121	176684
07	蔬菜、某些根和块茎	13077	23379	22475	21431
39	塑料和塑料制品	21592	19447	71703	121379

资料来源：国际贸易中心贸易图。

（三）柬埔寨纺织服装业吸引外资状况

1. 整体变化

图 2 – 8 显示了 1994—2017 年服装行业获得的投资批准额。该行业的投资波动情况与涉及纺织服装业的世贸组织协议的修订存在关联。纺织服装业的投资趋势可划分为三个时期：美国市场和欧盟

普惠制未设配额限制的时期、加入世贸组织前后及巅峰—饱和期。第一个时期，纺织服装投资从 1994 年的 5060 万美元增至 1997 年的 1.89 亿美元，原因是柬埔寨于 1997 年获美国授予最惠国地位，获欧盟给予的普惠制待遇。2001 年，纺织服装投资降至冰点——2610 万美元。2004 年，随着柬埔寨加入世贸组织，该国不再享受美国提供的最惠国待遇。这一事件曾被视为对柬埔寨纺织服装业的挑战，但幸运的是，该行业的增速并没有像预期那样出现下滑。相反，在服装出口持续大幅增长的同时，由于企业能按卖方的要求严格遵循国际劳工组织的工作条件标准，美国和欧盟大幅提高了柬埔寨的进口配额。2003 年的纺织服装投资为 4550 万美元。2007 年，纺织服装投资达到这一时期的峰值——2.364 亿美元。但是，受 2008 年国际金融危机影响，2009 年，纺织服装投资降至 1.131 亿美元。国际金融危机过后，纺织服装投资进入巅峰—饱和期。该项指标在 2012 年达到历史峰值——6.688 亿美元，在 2013 年回落至 4.186 亿美元。之后三年，纺织服装投资稳定在 3 亿美元左右，但国内工资大幅上涨。

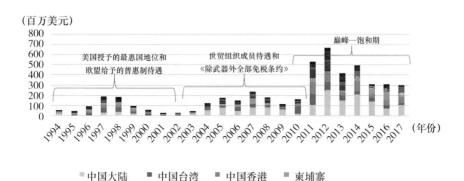

图 2-8　服装业获得的投资批准额（1994—2017 年）

资料来源：作者根据柬埔寨发展委员会的数据计算得到的结果。

2. 投资分布（按国家和地区划分）

图 2-9 给出了 1994—2017 年前十大投资国在服装业的投资总额。迄今为止，中国大陆的投资规模最大，占这一时期投资总额的 33.1%。后面依次为中国台湾（13.4%）、中国香港（13.0%）、柬埔寨（10.4%）、韩国（9.2%）、英国（6.2%）、新加坡（3.2%）、马来西亚（3.0%）、萨摩亚群岛（1.6%）、泰国（1.4%）。其他国家和地区的投资总和是 5.6%。

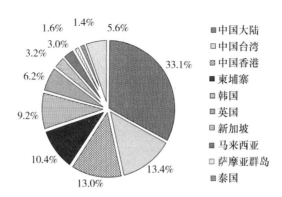

图 2-9　服装业总投资（按国家/地区划分）（1994—2017 年）

资料来源：作者根据柬埔寨发展委员会的数据计算得到的结果。

3. 柬埔寨的投资激励措施

经修订的《投资法》要求柬埔寨王国政府针对符合众多标准的投资项目（即所谓的"合格投资项目"）采取投资激励措施。合格投资项目有资格享受利税减免或采用特别折旧法计提折旧，并以免税的方式进口生产设备、施工材料等。

资本投资金额是划分合格投资项目的标准。不同行业设置不同的投资阈值。优先行业包括（但不限于）以出口为导向的制造企业。指定的特别投资促进区或出口加工区内的所有企业也有资格享受投资激励措施。

第三节 柬埔寨纺织服装业参与澜湄合作
存在的优势和劣势

（一）柬埔寨的要素禀赋

1. 劳动力

大量低工资的年轻劳动力是柬埔寨主要的要素禀赋。表2－7给出了1997—2017年柬埔寨15岁以上劳动人口和就业人数。柬埔寨的劳动人口总数已从1997年的490.7万人增至2017年的891.3万人，几乎翻番。女性约占劳动人口总数的一半。柬埔寨劳动力平均就业率为86.2%。相比其他国家，柬埔寨的劳动人口仍较为年轻。15—24岁的劳动人口占劳动人口总数的25.5%，25—34岁的劳动人口占劳动人口总数的29.1%（见图2－10）。

表2－7　　　15岁以上劳动人口和就业人数（按性别划分）
（国际劳工组织估计数据）（1997—2017年）

	性别	1997年	2002年	2007年	2012年	2017年
劳动人口（千人）	合计	4907	6327	7213	8192	8913
	男性	2418	3088	3663	4147	4576
	女性	2489	3239	3550	4045	4337
劳动力就业率（%）	合计	79.8	82.5	81.7	82.1	81.0
	男性	83.8	85.5	87.7	87.2	86.8
	女性	76.2	79.9	76.3	77.5	75.6
就业人数（千人）	合计	4874	6261	7150	8175	8887
	男性	2400	3050	3625	4137	4560
	女性	2475	3211	3524	4038	4327

资料来源：ILOSTAT数据库。

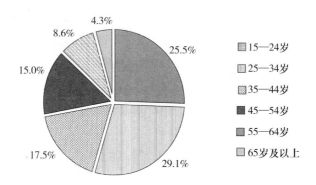

图 2 - 10 劳动人口分布（按年龄段划分）

（国际劳工组织估计数据）（2017 年）

资料来源：ILOSTAT 数据库。

2. 经济特区和土地价格

柬埔寨从 2005 年开始在全国设立经济特区，目的是为以出口为导向的制造业（包括服装业）吸引投资项目。柬埔寨的经济特区由柬埔寨发展委员会的分支机构——柬埔寨经济特区委员会管理。经济特区的投资者享受一站式服务、① 合格投资项目资格、优质基础设施、增值税减免、特别通关程序等待遇。柬埔寨的主要经济特区有：曼哈顿经济特区（柴桢省）、西哈努克经济特区、波贝经济特区（班迭棉吉省）、金边经济特区、大成经济特区（柴桢省）、Giga Resources 经济特区（柴桢省）。

3. 优惠市场准入

柬埔寨纺织服装领域吸引外商直接投资，既有推动因素，又有拉动因素。拉动因素中，决定服装行业外商直接投资的主要拉动因素是美国市场 20 世纪 90 年代中期向柬埔寨提供的出口配额。第二大拉动因素是大量的低工资劳动力（Bargawi，2005，5）。

---

① 一站式服务包括柬埔寨劳动和职业培训部、地方当局代表、柬埔寨关税与消费税总局、柬埔寨进出口检查和打击诈骗总局（CAMCONTROL）、商务部和柬埔寨发展委员会提供的所有服务。

1997 年获美国授予最惠国地位、获欧盟给予的普惠制待遇之后，柬埔寨的服装出口开始大幅增长。1999 年，柬埔寨与欧盟签订了一份为期三年半的纺织品协议。根据该协议，柬埔寨纺织服装产品在符合原产地规则的前提下可以免税、免配额的方式进入欧盟市场。2001 年，柬埔寨又根据《除武器外全部免税条约》获得了欧盟的优惠市场准入。2002 年，加拿大解除了配额限制。在此之前，加拿大已批准柬埔寨商品以免税、免配额的方式进入加拿大市场。1999—2004 年，柬埔寨与美国签署了一份名为《纺织品和服装贸易协定》的双边协议。该协议规定，美国向柬埔寨提供美国市场的固定配额（Bargawi，2005，5）。这些贸易协定（尤其是柬埔寨与美国和欧盟签署的贸易协定）促使柬埔寨服装行业呈现指数级增长。

2004 年 10 月，柬埔寨加入世贸组织。世贸组织多哈回合贸易谈判之后，关于世贸组织成员国向发达国家出口服装的各项限制及《多种纤维协定》均被取消。这一事件曾被视为对柬埔寨纺织服装业的挑战，但幸运的是，该行业的增速并没有像预期那样出现下滑。相反，在服装出口持续大幅增长的同时，由于企业能按卖方的要求严格遵循国际劳工组织的工作条件标准，美国和欧盟大幅提高了柬埔寨的进口配额。

作为最不发达国家，柬埔寨目前享受许多国家（包括澳大利亚、加拿大、欧盟、冰岛、日本、哈萨克斯坦、新西兰、挪威、俄罗斯、瑞士、土耳其、美国、印度、智利、中国、吉尔吉斯斯坦、塔吉克斯坦、泰国、韩国）提供的优惠贸易待遇。

但是，并非所有上述国家都向柬埔寨的纺织服装产品提供关税优惠。从表 2 - 8 可以看出，美国对柬埔寨的纺织服装产品（HS61）征收 14.31% 的总从价等量关税，而欧盟各国则根据《除武器外全部免税条约》向柬埔寨提供免税待遇。加拿大、中国和日本也向柬埔寨提供免税待遇。

表2-8　　　　　　主要进口国征收的总从价等量关税　　　　单位：%

进口国	总从价等量关税
美国	14.31
英国	0
德国	0
加拿大	0
日本	0
西班牙	0
比利时	0
荷兰	0
法国	0
中国	0

资料来源：国际贸易中心（查看时间：2018年7月）。

（二）比较优势分析

1. 整体优势

表2-9给出了柬埔寨出口最多的两种服装商品（HS61、HS62）的标准化显性比较优势指数[①]（NRCA）。NRCA等于0的产品或行业无比较优势。NRCA等于+1表明相关产品或行业拥有完全的比较优势。NRCA等于-1表明相关产品或行业处于完全劣势。2013—2017年，相对澜湄地区的其他国家，柬埔寨HS61商品的NRCA最高（0.94—0.97）。这说明柬埔寨出口HS62商品拥有最大的比较优势。2013—2016年，HS62商品的NRCA在0.49—0.58范围内浮动，2017年达到0.88。相比HS61商品，柬埔寨出口HS62商品拥有的比较优势较小。HS61商品NRCA更高的国家可能成为柬埔寨的竞争者。在出口HS61商品方面，柬埔寨、中国、越南可能存在竞争关系，因为三国HS61商品的NRCA均较高。

[①] 标准化显性比较优势指数（NRCA）是显性比较优势指数（RCA）的替代者。它弥补了RCA不对称的缺点（世贸组织，2012）。

表2-9 标准化显性比较优势指数

年份	NRCA					
	柬埔寨	中国	老挝	缅甸	泰国	越南
HS61						
2013	0.96	0.57	0.34	-0.49	-0.19	0.66
2014	0.97	0.51	0.39	-0.32	-0.21	0.66
2015	0.96	0.47	0.16	-0.44	-0.23	0.65
2016	0.96	0.45	0.00	-0.26	-0.27	0.64
2017	0.94	0.42	0.13	0.71	-0.31	0.60
HS62						
2013	0.57	0.48	0.57	0.80	-0.42	0.72
2014	0.49	0.48	0.60	0.74	-0.47	0.70
2015	0.53	0.44	0.48	0.70	-0.52	0.68
2016	0.58	0.44	0.43	0.81	-0.58	0.66
2017	0.88	0.43	0.44	0.86	-0.60	0.62

资料来源：作者根据国际贸易中心贸易图上的数据计算得到的结果。

图2-11给出了2017年柬埔寨和澜湄合作其他成员国之间的纺织服装产品贸易互补性指数①（TCI）。柬埔寨相对其他澜湄国家的TCI为63.2—66.4，表明柬埔寨出口纺织服装产品能适度满足澜湄合作其他成员国的需求。

其他澜湄国家中，中国、老挝、泰国、越南、缅甸相对柬埔寨的TCI分别为88.1、87.1、89.6、85.4、55.3。这说明柬埔寨与中国、泰国、越南在纺织服装方面是天然贸易合作伙伴。换句话说，中国、泰国、越南和老挝的出口能在很大程度上满足柬埔寨对纺织服装产品的需求。但是，柬埔寨和缅甸之间的贸易互补性只达到中等水平。

————————

① 贸易互补性指数（TCI）由Michaely（1996）提出，用于衡量两国作为"天然贸易合作伙伴"的程度。

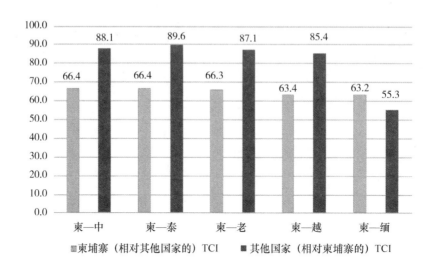

图 2-11 贸易互补指数（TCI）（HS50—HS63）（2017 年）

资料来源：作者根据国际贸易中心贸易图上的数据计算得到的结果。

2. 交通优势

从柬埔寨出发，通过泛亚公路和东盟公路可以方便地抵达其他澜湄国家，尤其是老挝、泰国、越南。泛亚公路 1 号线（AH1）和东盟公路 1 号线（AH1）通过柬埔寨的 5 号和 1 号国道穿越柬埔寨全境。曼谷通过 AH1 连接至波贝（柬泰边境工业区）、金边（位于首都工业区）、巴维（柬越边境工业区）。波贝境内靠近泰国的边境工业区距离曼谷仅 221.17 公里，靠近越南的边境工业区距离胡志明市仅 68.98 公里。对泰国和越南希望扩大生产板块、需要低工资劳动力、有资格享受投资激励措施和优惠市场准入的投资者而言，这些区位优势非常具有吸引力（见表 2-10）。

AH11 通过 4 号、6 号和 7 号国道将西哈努克海港工业区与首都工业区、越南、老挝连在一起。在首都工业区和西哈努克海港之间的原材料、中间产品和成品运输中，4 号国道扮演重要角色。AH123 通过 48 号、4 号、3 号和 33 号国道将柬埔寨沿海地区与泰国连在一起。

表 2 - 10			穿越柬埔寨的国际公路	
国际公路名称			经过城市	柬埔寨国道
大湄公河次区域公路	泛亚公路	东盟公路		
中央次走廊	AH1	AH1	波贝—诗梳风（NR5）	5 号国道
			诗梳风—金边（NR5）	5 号国道
			金边—巴维（NR1）	1 号国道
跨国走廊	AH11	AH11	金边—西哈努克（NR4）	4 号国道
			金边—斯昆（NR6）	6 号国道
			斯昆—磅湛（NR7）	7 号国道
			磅湛—Trapengkreal（NR7）	7 号国道
南海岸次走廊	—	AH123	占延—戈公（NR48）	48 号国道
			戈公—Sre Ambel（NR48）	48 号国道
			Sre Ambel—Viel Rinh（NR4）	4 号国道
			Viel Rinh—贡布（NR3）	3 号国道
			贡布—Lork（NR33）	33 号国道

资料来源：基础设施和区域一体化技术工作组秘书处（2010，6）。

3. 机场和海港

柬埔寨拥有两座国际海港，即金边港和西哈努克港。金边港位于金边市，沿洞里萨河修建，可停靠南海驶来的载重不超过 2000吨的船只。金边港每年最多停靠 150 艘船，包括 3 艘来自新加坡的货船（基础设施和区域一体化技术工作组秘书处，2010）。

西哈努克港位于西哈努克省磅逊湾，是柬埔寨主要港口和唯一的深水海港。它通过 4 号国道连接至 AH11 和金边，通过 AH11、AH123 连接至戈公省。西哈努克港可停靠载重不超过 10000 吨、吃水深度小于 8.5 米的船只。从该港口出发可抵达越南胡志明港、泰国林查班港、马来西亚丹戎帕拉帕斯港、中国香港、中国台湾高雄港、泰国宋卡港、新加坡港和马来西亚关丹港。

東埔寨有三座国际机场，即金边国际机场、暹粒国际机场和西哈努克国际机场。金边国际机场运营直飞中国（含港澳台）21 个主要城市和日本千叶县成田机场（NRT）、老挝万象机场（VTE）、马来西亚吉隆坡机场（KUL）、缅甸仰光机场（RGN）、卡塔尔多哈机场（DOH）、新加坡樟宜机场（SIN）、韩国首尔—仁川机场（ICN）、泰国曼谷机场（BKK）、泰国廊曼机场（DMK）、阿联酋迪拜机场（DXB）、越南河内机场（HAN）、越南胡志明市机场（SGN）的航班（Cambodia Airports，2018）。

（三）東埔寨服装行业面临的挑战

1. 工资不断上涨

在接受我们访谈期间，政府官员、東埔寨服装制造商协会代表和服装企业代表表示，東埔寨的服装行业面临众多挑战，其中包括快速上涨的工资。图 2 - 12 显示，过去 20 年间，東埔寨的月最低工资已从 1997 年的 40 美元增至 2016 年的 140 美元，尤其是过去几年的上涨率达 16.9%—23.9%。从政府、国际劳工组织和工会的角度来说，这种快速上涨是合理的，能帮助生活条件较差的服装工人提升幸福感。但是，从投资者的角度来说，这种快速上涨属于比较劣势。

2. 劳动生产率低下

服装行业面临的另一项挑战是劳动生产率低下。尽管工资快速上涨，但東埔寨的劳动生产率仍然低于其他澜湄合作成员国。東埔寨的生产率预期也远远低于同地区的其他国家。图 2 - 13 给出了 2000—2017 年東埔寨工人的人均总产值。该图表明，中国工人的人均产值最高，后面依次为泰国、老挝、缅甸、越南和東埔寨。東埔寨服装行业非熟练工人生产率较低是由多种因素导致的，其中包括教育程度低、缺乏软技能、缺乏忠诚度、上下班距离太远、生活条件不佳、医疗条件不佳和工作场所不卫生。

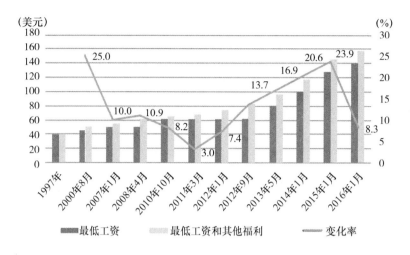

图2-12　服装行业最低工资

资料来源：地方当局。

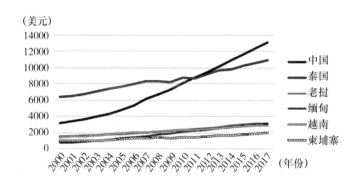

图2-13　工人人均产值（按2010年GDP计算）

（2000—2017年）

资料来源：ILOSTAT数据库。

图2-14给出了2011—2016年鞋服行业工人人均产值（按2010年GDP计算）。从图中可以看出，鞋服行业工人人均产值2015年下降了6%，2016年下降了4%。这说明在工人工资上涨的同时，该行业的劳动生产率不升反降。

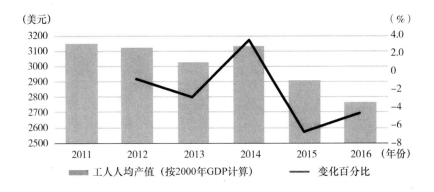

图 2-14 鞋服行业人均产值（按 2010 年 GDP 计算）

（2011—2016 年）

资料来源：GDP 摘自柬埔寨国家统计局全国数据，工人人数摘自柬埔寨当局的估计数据。

3. 与本国供应商的后向关联度低

如上所述，20 世纪 90 年代末以来，柬埔寨一直只从事低附加值的服装制造活动。此类活动仅涉及剪裁、制作和后整理（CMT）作业。柬埔寨的服装行业与本国供应商的关联度低。柬埔寨很大一部分出口服装使用进口原材料和中间产品。进口最多的产品是针织或钩编面料（HS60），平均约占总进口额的 19.0%；进口第二多的是人造短纤维（HS55），平均占总进口额的 9.3%。

4. 关键出口市场的优惠减损

尽管柬埔寨在经济上已经取得长足发展，且接近成为中等偏下收入国家，但联合国发展政策委员会 2015 年开展的三年期审查①仍将柬埔寨归类为最不发达国家。最不发达国家的衡量指标包括三年人均国民总收入（GNI）、人力资产指数（HAI）和经济脆弱度指数（EVI）。如表 2-11 所示，柬埔寨的 HAI 已有大幅提升——67.2 的 HAI 高于脱离最不发达国家行列的阈值（≥66）。但是，柬

———————————

① 更多相关信息请参见 https：//www. un. org/development/desa/dpad/least - developed - country - category - cambodia. html。

埔寨在经济方面仍然很落后。该国人均 GNI 的三年平均值为 852 美元，低于脱离最不发达国家行列的阈值（1242 美元），EVI 远远超过脱离最不发达国家行列的阈值（≤32）。因此，柬埔寨目前仍然属于最不发达国家，但在未来几年内可能有资格脱离最不发达国家行列。

表 2-11　　　　　　　　最不发达国家相关数据—柬埔寨

	柬埔寨	脱离阈值	收入阈值
人均 GNI*	852 美元	1242 美元	2484 美元
HAI	67.2	≥66	不适用
EVI	38.3	≤32	不适用

注：* 人均 GNI 三年平均值。

资料来源：联合国经济和社会事务部（2015）。

在脱离最不发达国家行列之后，柬埔寨可能丧失其在主要市场（尤其是欧盟）享受的优惠市场准入。目前，柬埔寨根据欧盟的《除武器外全部免税条约》享受免税、免配额的待遇，是该条约的第二大受益国，仅次于孟加拉国。欧盟停止向柬埔寨提供免税、免配额的待遇可能对该国产生重大影响。

5. 物流条件差

图 2-15 和图 2-16 给出了澜湄国家 2018 年的世界银行物流表现指数（LPI）。LPI 包含六项指标：跟踪和追溯托运货物的能力（跟踪和追溯）、物流服务的竞争力和质量（物流竞争力）、以具有竞争力的价格安排装运活动的难易程度（国际装运）、通关程序的效率（海关）、货物在预定或预计时间内抵达收货人的频率（时效性）、贸易和运输相关基础设施的质量（基础设施）。从图中可以看出，相比其他澜湄合作成员国，柬埔寨的整体物流条件仍然较差。2018 年，柬埔寨 LPI 的总体得分为 2.58，介于中等水平和低水平之间，在 160 个国家中排第 98 位。在前述六项指标中，基础

设施得分最低，然后依次为海关、物流竞争力、跟踪和追溯、国际装运和时效性。

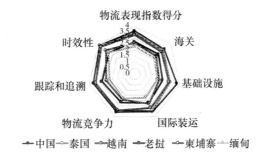

图 2 - 15 物流表现指数排行榜（一）（2018 年）

资料来源：世界银行物流表现指数（https：//lpi. worldbank. org/about）。

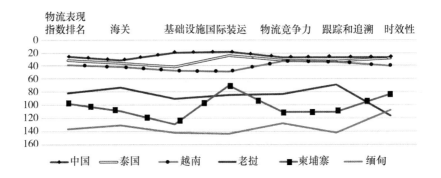

图 2 - 16 物流表现指数排行榜（二）（2018 年）

资料来源：世界银行物流表现指数（https：//lpi. worldbank. org/about）。

第四节 发展潜力和合作策略

过去 30 年，柬埔寨维持并提升了自身在成衣生产和出口活动中的参与度。对某些人而言，这是一项成就，因为其他国家未能保持这种势头（尤其在美国取消配额方案之后）。但是，某些批评人士断言，这并不是一项成就，因为柬埔寨在过去 30 年只是生产成衣，既未与国内供应商建立后向关联，也未实现服装行业的本土化并占领该行业。此外，在国内工资水平不断上涨、出现更多竞争者、柬埔寨接近脱离最不发达国家行列的背景下，服装行业可能出现增速放缓的迹象。因此，当前需要回答以下几个问题：柬埔寨服装行业的发展是否即将到达极限？服装行业是否正从柬埔寨向其他国家转移？它在柬埔寨能否进一步拓展？柬埔寨是否有可能与本国供应商建立后向关联？这些问题的答案不属于本章的范畴。但是，我们将尝试检验澜湄合作背景下提升柬埔寨在纺织服装全球价值链中的参与度的可能性。根据Taglioni 和 Winkler（2016）提出的战略政策框架，我们建议柬埔寨将重点放在两个主要领域：拓展、强化服装生产活动，以可持续的方式参与纺织服装全球价值链。以可持续的方式参与纺织服装全球价值链可通过推动社会升级、提升社会凝聚力、提升环境可持续性来实现（见图 2-17）。本章仅聚焦柬埔寨在未来 5—10 年内应完成的一项工作——提高、强化自身在纺织服装全球价值链中的参与度。以可持续的方式参与纺织服装全球价值链留待今后再作研究。

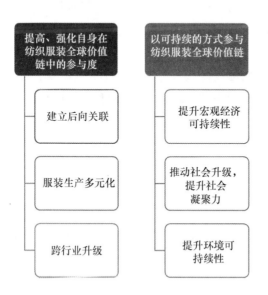

图 2-17 提升柬埔寨在纺织服装全球价值链中的参与度：可选择的政策

资料来源：摘自 Taglioni 和 Winkler（2016）的文章。

（一）提高、强化自身在纺织服装全球价值链中的参与度

这一重点领域旨在强化柬埔寨在纺织服装全球价值链中的参与度，推动该国向附加值更高的活动领域迈进。政策制定者应考虑加强全球价值链与本国经济的联系，提升国内企业的吸收能力。可惜，纺织服装全球价值链中的柬埔寨企业很少，更不用说联系全球价值链、吸收能力、技术转让了。这可能是因为国内企业家缺乏资金、经验、技术和兴趣。因此，柬埔寨应考虑通过吸引外商直接投资建立后向关联。此外，鉴于中国和泰国正在通过实施结构转型和升级计划淘汰附加值较低的服装制造产业，柬埔寨可以提高服装生产活动的密度。这样可以扩大当前服装行业的规模，创造更多工作岗位，提高行业附加值。最后一点，柬埔寨应考虑推动跨产业升级，即转向技能需求与柬埔寨工人现有技能相似的新价值链。这些新价值链应具有更高的附加值。例如，可以从鞋服缝制转向汽车座椅套缝制，后者是汽车全球价值链的一个板块（Taglioni 和 Winkler，2016）。鉴于建立后向关联这一升级策略的复杂性和重要性，下面将专门对其进行阐述。

（二）建立后向关联

如上所述，过去 30 年，柬埔寨专注于成衣的生产，在纺织服装全球价值链中的参与度很高。大多数工人是非熟练工，仅从事 CMT 活动。柬埔寨纺织服装业几乎所有原材料（包装材料除外）都是从国外进口的。2017 年，柬埔寨纺织品和服装（HS50—HS63）的进口额达 43 亿美元，其中针织或钩编织物占 49.0%，棉布占 16.0%，化学纤维长丝、人造纺织材料制的编条及类似品占 7.7%，化学纤维短纤占 5.9%（见图 2 – 18）。

如果这些材料由柬埔寨自行生产，将大大降低成衣的生产成本，提升柬埔寨的比较优势，创造更多工作岗位，为经济增长做贡献。但是，这仅仅是一种观点，需要通过严谨的研究进行进一步的验证。因此，建议以适当、严谨的方式对柬埔寨迈向附加值更高的活动领域的可能性开展可行性研究，特别是与澜湄合作成员国（尤其是中国）合作生产面料、棉布、长丝、纤维。

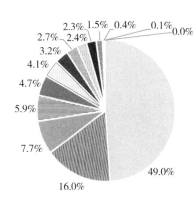

· 针织或钩编织物
· 棉布
· 化学纤维长丝；人造纺织材料制的扁条及类似品
· 化学纤维短纤
· 特种机织物；簇绒织物；花边；装饰毯；装饰带；刺绣品
· 针织或钩编的服装及衣着附件
· 浸渍、涂布、包覆或层压的织物；工业用纺织制品
· 其他纺织制成品；成套物品；旧衣着及旧纺织品；碎织物
· 絮胎、毡呢及无纺织物；特种纱线；线、绳、索、缆及其制品
· 羊毛、动物细毛或粗毛；马毛纱线及其机织物
· 非针织或非钩编的服装及衣着附件
· 其他植物纺织纤维；纸纱线及其机织物
· 地毯及纺织材料的其他铺地制品
· 蚕丝

图 2 - 18　柬埔寨纺织品和服装（HS50—HS63）进口额分布情况（2017 年）

资料来源：国际贸易中心贸易图。

与本国供应商建立后向关联的首要前提是本国有供应商。但是，柬埔寨国内向服装厂供应面料、棉布、长丝、纤维的厂家非常少。因此，柬埔寨首先应考虑吸引澜湄地区其他国家（尤其是中国、泰国和越南）的企业对面料、棉布、长丝、纤维生产领域进行投资的可能性。可供选择的政策［部分摘自 Taglioni 和 Winkler（2016）的文章］有：

利用澜湄地区其他国家提供的经济特区发展资金建立经济特区，为面料、棉布、长丝、纤维生产领域孵化新投资者；

改善投资驱动因素，保护外国资产；

为相关投资者提供特殊权益；

确保成本竞争力；

改善基础设施和服务质量（尤其是费用合理化、供电稳定化）；

改善物流条件（跟踪和追溯、物流竞争力、国际装运、海关、时效性、基础设施）；

继续推动企业遵守柬埔寨法律法规和国家标准；

根据面料、棉布、长丝、纤维生产领域的需求提升工人生产率和技能。

（三）提升工人生产率和技能

柬埔寨的工资水平在迅速上涨，但劳动生产率的增长速度却很慢。这将导致柬埔寨丧失其在服装行业的比较优势。因此，必须提升劳动生产率。柬埔寨服装行业非熟练工人生产率较低是由多种因素导致的，其中包括教育程度低、缺乏软技能、缺乏忠诚度、上下班距离太远、生活条件不佳、医疗条件不佳和工作场所不卫生。

通识教育程度低导致非熟练工人无法了解和执行简单的工作（例如阅读任务简介、开展数字计算、理解角度、测量单位等简单概念）。缺乏团队合作、沟通、敬业等软技能导致工人无法在团队中顺利开展工作，无法实现团队目标。缺乏忠诚度导致工人旷工率和离职率过高，进而影响生产活动，产生额外的招工和培训费用。许多工人住在村庄里，需要乘坐中型货车或面包车上下班。为了省钱，他们必须挤在超载的车里。如果乘坐的是中型货车，他们必须站在货车后面露天的地方，遇到雨天的时候全身都会被淋湿，遇到交通事故的时候会非常危险。柬埔寨经常发生交通事故，很多人因此而丧生。

工人在上岗后一周内通过培训可学会剪裁、制作和后整理工作所需的技能。但是，软技能、常识和忠诚度很难在短时间内得到提升。因此，应针对非熟练工人制定提升软技能、常识、忠诚度和其他生活技能的成套培训方案。为全面收集制定成套培训方案所需的数据和信息，应开展更严格的研究活动。最近，柬埔寨服装制造商协会成立了柬埔寨服装培训学院，目的是教授服装厂所需的中高级技术技能。但是，该学院似乎并未针对非熟练工人设立培训课程。柬埔寨其他地方也没有此类课程。原因可能是针对非熟练工人的培训课程缺乏营利性，寻求利润的私人企业不太愿意设立此类课程。在国际/西方投资机构的资助下，目前已有若干家非政府组织在许多服装厂设立教授医疗卫生知识和识字能力的培训课程，但它们并未设立工作技能培训课程。此外，如果想迈进面料、棉布、长丝、纤维生产领域，柬埔寨应制订人力资源发展计划，以满足该领域的技能要求。

因此，建议澜湄合作成员国为上文提到的研究活动提供补助，持续为提升非熟练工人软技能、常识、忠诚度和其他生活技能的成套培训方案提供资助，为研究柬埔寨服装产业建立后向关联的可行性提供补助。澜湄合作成员国可与柬埔寨国内的智囊机构（如柬埔寨发展资源研究所）及相关政府机构或在服装领域拥有相关经验的职业培训机构共同开展这项工作。上述举措不仅将提高工人生产率和技能、推动经济增长，还将推动柬埔寨工人和作为柬埔寨服装行业主要投资者的中国企业加深相互理解、改善关系。

附　　录

2013—2016 年各类产品列表如表 2 – 12 至表 2 – 14 所示。

表 2 – 12　　进口纺织服装产品列表（用两位 HS 编码表示）
（2013—2016 年）

编码	产品类别	进口额（千美元）			
		2013 年	2014 年	2015 年	2016 年
50	蚕丝	156	160	1697	2947
51	羊毛、动物细毛或粗毛；马毛纱线及其机织物	5028	6396	11916	19444
52	棉布	166249	313531	380962	445508
53	其他植物纺织纤维；纸纱线及其机织物	1	32	90	228
54	化学纤维长丝；人造纺织材料制的扁条及类似品	30657	43437	72075	98340
55	化学纤维短纤	825688	999021	962591	972447
56	絮胎、毡呢及无纺织物；特种纱线；线、绳、索、缆及其制品	15974	28644	29451	38882
57	地毯及纺织材料的其他铺地制品	794	1766	886	1589

续表

编码	产品类别	进口额（千美元）			
		2013 年	2014 年	2015 年	2016 年
58	特种机织物；簇绒织物；花边；装饰毯；装饰带；刺绣品	108610	156055	148613	167110
59	浸渍、涂布、包覆或层压的织物；工业用纺织制品	71122	115780	108861	120975
60	针织或钩编织物	1596941	1975053	1984796	2202674
61	针织或钩编的服装及衣着附件	11765	14602	17515	30033
62	非针织或非钩编的服装及衣着附件	71925	93180	59912	57582
63	其他纺织制成品；成套物品；旧衣着及旧纺织品；碎织物	59078	75619	83288	77792
合计	所有商品	8231540	9702422	10668923	12371008

资料来源：国际贸易中心贸易图。

表 2 - 13　HS61 类别下的出口产品列表（用四位 HS 编码表示）

（2013—2016 年）

编码	产品类别	出口额（千美元）			
		2013 年	2014 年	2015 年	2016 年
6104	针织或钩编的女式西服套装、便服套装、上衣、连衣裙、裙子、裙裤、长裤等	1157977	1324680	1563942	1681938
6109	针织或钩编的 T 恤衫、汗衫及其他背心	1008630	1153723	1179898	1246755
6103	针织或钩编的男式西服套装、便服套装、上衣、长裤、护胸背带工装裤、马裤等	831643	937825	1029902	1166141
6110	针织或钩编的套头衫、开襟衫、背心及类似品等	520859	519613	556996	629919
6108	针织或钩编的女式长衬裙、衬裙、三角裤、短衬裤、睡衣、睡衣裤、浴衣等	308133	330640	341367	386226

续表

编码	产品类别	出口额（千美元）			
		2013 年	2014 年	2015 年	2016 年
6111	针织或钩编的婴儿服装及衣着附件（不含帽子）	175213	231409	191990	235653
6107	针织或钩编的男式内裤、三角裤、长睡衣、睡衣裤、浴衣、晨衣及类似品	117610	146750	163349	184460
6106	针织或钩编的女衬衫（不含 T 恤等）	127178	120714	147389	160327
6105	针织或钩编的男衬衫（不含睡衣、T 恤、汗衫等）	102457	130727	140309	137821
6112	针织或钩编的运动服、滑雪服及游泳服	86579	92761	105121	117176

资料来源：国际贸易中心贸易图。

表 2 - 14　HS62 类别下的出口产品列表（用四位 HS 编码表示）
（2013—2016 年）

编码	产品类别	出口额（千美元）			
		2013 年	2014 年	2015 年	2016 年
6204	女式西服套装、便服套装、上衣、连衣裙、裙子、裙裤、长裤等	52443	43543	59457	126491
6203	男式西服套装、便服套装、上衣、长裤、护胸背带工装裤、马裤等	76196	53419	80947	123636
6210	毛毡或无纺布制成的服装，无论是否浸渍、涂布、包覆或层压等	5552	3086	4014	4011
6205	男衬衫（不含针织或钩编产品、男用长睡衣、汗衫和其他背心）	24933	21877	31874	38116
6206	女衬衫（不含针织或钩编产品和背心）	7407	7414	14129	25098
6201	男式大衣、短大衣、斗篷、短斗篷、带风帽的防寒短上衣（包括滑雪短上衣）、防风衣等	6931	3780	7952	15814

编码	产品类别	出口额（千美元）			
		2013 年	2014 年	2015 年	2016 年
6211	运动服、滑雪服、游泳服和其他服装，不另详述（不含针织或钩编产品）	34949	38212	48846	46539
6212	胸罩、束腰带、紧身胸衣、吊裤带、吊袜带、束袜带和类似品及其零件等	17119	21380	37758	60210
6202	女式大衣、短大衣、斗篷、短斗篷、带风帽的防寒短上衣（包括滑雪短上衣）、防风衣等	3581	2827	5063	8352
6208	女式背心及其他内衣、长衬裙、衬裙、三角裤、短衬裤、睡衣等	7661	1616	1985	7942
6207	男式背心及其他内衣、内裤、三角裤、长睡衣、睡衣裤、浴衣等	1493	1455	5758	8643
6209	婴儿服装及衣着附件（不含针织或钩编产品等）	23912	42918	64175	46913
6216	分指手套、连指手套及露指手套（不含针织或钩编产品等）	2247	1044	3202	5616
6217	衣着附件成品；服装或衣着附件的零件等	621	293	746	1355
6214	披巾、领巾、围巾、披纱、面纱及类似品（不含针织或钩编产品）	186	159	295	298
6215	领带及领结（不含针织或钩编产品）	179	114	27	37
6213	各边长度不超过 60 厘米的手帕（不含针织或钩编产品）	57	22	53	8

资料来源：国际贸易中心贸易图。

第三章 中国

宋 泓

第一节 中国纺织服装产业的发展

本章所研究的纺织服装产业，是指纺织、服装以及相关的机械制造业。在工业部门划分中，主要包括：纺织产业；服装产业；化学纤维；专有机械产业中的纺织机械制造业。在贸易统计中，按照HS分类，是HS二位码中的第50—63章，另外包括四位码8444—8449和8452的纺织机械品；或者按照SITC分类，是SITC二位码中的第65章和第84章（WTO统计中）、第26章（UNCTAD的统计中），以及三位码724的纺织机械产品。在下文的研究中，我们将特别指出数据来源以及所涵盖的内容。

1949年新中国成立以后，到1978年改革开放时，经过29年的建设，中国建立起了比较完整的、独立自主的纺织服装产业体系。从20世纪50年代开始，中国首先在纺织机械产业上取得突破——最初是棉纺机械，其次是毛、麻、丝等机械，再次是化学纤维机械——并形成自己独立的纺织服装机械制造体系，从而为纺织服装产业的扩建以及更新改造打下了坚实的基础。20世纪50年代在原来的上海、天津、青岛和武汉等沿海、沿江老纺织基地的基础上，新建了北京、石家庄、邯郸、郑州、西安和咸阳六大纺织基地。20世纪60—70年代，进一步向全国其他地区扩展，几乎每个省都建立起独立的纺织服装产业；并且，全国也形成了产品系列全面、生产链条完整的生产体系，初步满足了人们的最基本穿衣需要。改革开放初期，就规模而言，中国的纺织服装产业已经处于世界前列：
全国有纺织企业 4500 多家，职工 310 万人。生产纱 238.2 万吨，
布 110.3 亿米，呢绒 8885 万米，针织羊毛线 3.78 万吨，丝绸 2.97
万吨；化学纤维更是从无到有，产量达 28.46 万吨；就人均纤维消
费量而言，基本达到了当时的发展中国家平均水平（见表 3 - 1）。

表 3 - 1　　　　1980 年部分国家和地区人均纤维消费量　　单位：千克

	纤维总量	棉	毛	麻	人造纤维	合成纤维
发达国家	16.6	6.3	1.1	0.5	2.1	6.5
发展中国家	3.5	2.2	0.1	—	0.3	0.8
美国	21.1	6.8	0.5	0.2	1.6	12.0
瑞士	21.8	7.5	6.2	0.2	1.3	6.6
苏联	15.3	7.6	1.3	1.2	2.7	2.5
日本	16.5	6.9	0.8		1.9	6.8
墨西哥	6.5	2.2	0.1		0.5	3.6
巴西	6.0	3.7	—		0.5	1.8
埃及	6.2	5.1	0.2	0.3	0.4	0.3
土耳其	7.9	4.5	0.7	—	0.3	2.4
印度	2.2	1.8			0.2	0.2
巴基斯坦	2.4	1.8	0.2		0.2	0.3
缅甸	0.7	0.7	—	—	—	—
印度尼西亚	1.4	0.6	—		0.3	0.4
韩国	9.2	3.3	0.3		0.6	5.0
菲律宾	2.0	0.5			0.4	1.1
泰国	3.6	2.1	—		0.4	1.1
中国	3.5	2.6	0.1		0.7	

资料来源：联合国粮农组织《世界服装纤维考察》，1983 年；《中国纺织工业年
鉴》，1982 年。

改革开放以来，中国的纺织服装产业获得了两次大的发展：其一是 20 世纪 80 年代。在国内需求以及国际需求的拉动下（刚刚参与全球纺织品配额体系，并且和周边经济体进行产业合作），纺织服装产业快速发展。其二是 21 世纪头十年。在国际市场开放的条件下，中国纺织业获得了大规模进入国际市场的机会。

1978—1987 年，中国每年增加棉纺锭子 115.65 万个，生产能力年均增长 7%，纱的产量年均增长 9.3%，二者的比例比较协调，整体增长也比较正常。20 世纪 80 年代中期以后，每年增加的纺纱锭数高达数百万之巨，出现了过热情况：1987—1988 年一年之中，纺纱锭数猛增 551.68 万个，比上年增加 21.2%，而纱的产量仅增加 6.6%。1988—1991 年，年均增加生产能力 345.83 万锭，纺纱的产量却始终徘徊在 460 万吨左右。这样，棉纺锭设备利用率逐年下降，1987 年为 99.45%，至 1991 年下降为 88.05%。同一时期，中国毛纺产品的增长也很迅速，全国大多数县城都建立了自己的毛纺厂。

20 世纪 90 年代中期以后，中国纺织服装产业的发展进入困难时期：首先，过快的扩张使得产能过剩严重，企业之间的竞争激烈。其次，国家为了保护棉农的利益，不断提高国产棉的收购价格，推高了纺织产业的生产成本。最后，国际上，一方面，面临着 WTO 成立后，中国企业无法享受纺织品和服装出口配额逐渐取消带来的出口市场机会造成的不利影响；另一方面，亚洲金融危机更使得外部市场雪上加霜。从图 3-1 中可以看出：1995 年以后，到 2000 年之前，中国主要纺织品的产量变化：产量下降，且变化剧烈。因此，作为中国最先进入国际市场，也最具竞争性的行业，纺织产业从 20 世纪 90 年代中期开始成为我国工业中全行业亏损时间最长、最大的行业。正是在这样的情况下，1997 年国家出台了纺织行业"压锭限产"的政策，随后的三年对这个行业进行了大刀阔斧的改革。经过伤筋动骨的"压锭、减人、增效"之后，这个产业重新走上了新一轮的快速发展之路。

21 世纪最初十年，随着中国加入 WTO，以及国内的改组改制，中国纺织服装产业大踏步进入国际市场，并成长为中国在国际市场

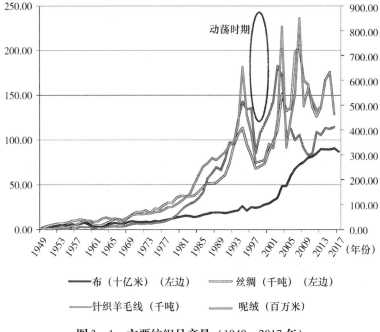

图 3 - 1　主要纺织品产量（1949—2017 年）

资料来源：CEIC。

上最具竞争力的产业之一。从图 3 - 1 中可以看到这一段时间中国主要纺织品产量的大幅度增长情况。这一时期，中国纺织纤维尤其是其中的化学纤维中的合成纤维占世界的比重大幅度增加（见图 3 - 2）。2016 年，中国合成纤维产量 4124.3 万吨，占世界产量的 69.1%，遥遥领先于其他国家；棉花的产量为 465.5 万吨，占世界产量的 20.3%，仅次于印度，处于世界第二位。

　　目前，纺织服装产业仍然是中国的一个非常重要的行业。2016年，中国纺织服装产业（包括纺织、服装和纺织机械，下同）规模以上企业雇用员工 950 万人，约占全国规模以上企业雇用员工的10%；企业总数约 3.8 万（37694）家，占全国规模以上企业的9.96%；主营业务收入 73517.33 亿元人民币，占全国的 6.34%。显然，这是一个非常庞大的产业群体！

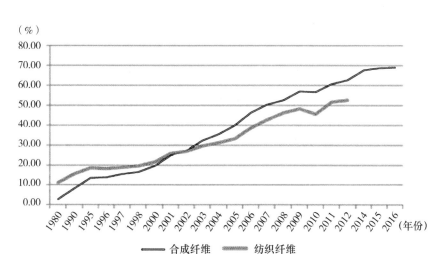

图 3 - 2 中国纺织纤维以及合成纤维产量占世界的比例

资料来源：《中国纺织工业发展报告》。

总之，过去 70 年见证了一个世界级产业的成长史。中国纺织服装产业，从小到大，从弱到强，从自给自足的产业成长为进入国际市场，并具有国际竞争的产业，再进一步成长为世界上最具竞争力的产业。目前，该产业又进入到新的转型变化之中。

第二节　中国纺织服装产业参与全球价值链（GVCs）的情况

（一）进口竞争与发达国家的贸易保护主义

纺织服装产业是典型的劳动力密集型产业。收入水平较低的发展中国家和地区劳动力成本低；同时，与此相关的土地、租金以及其他生产要素的价格也比较便宜，因此，具有生产这些产品的比较优势。这样，在相对开放的环境中，发达国家的这个产业最先受到来自发展中国家和地区的进口产品的竞争，并逐渐萎缩。

第二次世界大战后，日本经济迅速恢复，并开始大规模向美国出口纺织产品，从而引发美日纺织品贸易摩擦。1956 年，美国国会通过《1956 年农业法》，授予美国总统这样的权力：与其他国家政府签署限制农产品和纺织品进口协议，并可单方面实施紧急进口限制。据此，美国与日本就日本输美纺织品签订了一个为期 5 年的"自愿出口限制"协议，迫使日本"自愿"将对美纺织品出口数量维持在较低水平上。随后，英国也效仿美国，在 1959 年与印度、中国香港、巴基斯坦签订了类似的"自愿出口限制"协议。

在随后的关贸总协定谈判中，欧美国家以"市场扰乱"为由，于 1961 年 7 月推动 16 个缔约方在日内瓦签订了《国际棉纺织品贸易短期安排》，即第一个国际性多边棉纺织品协议，从而将国际纺织品的贸易限制成功地从双边水平扩展到了多边的层次。该协议为期一年，对 20 个左右的棉纺织产品规定了限制措施。随后，这个短期安排被为期五年的长期安排所替代（《国际棉纺织品贸易长期安排》），并连续延长了两次。不仅如此，由于之前的安排中，只考虑了棉纺织品，而没有包括新兴的、快速增长的化纤产品，因此，从 20 世纪 70 年代开始，美欧等发达国家一致要求扩大纺织品的限制范围，增加化纤产品。经过艰难的谈判，最终于 1974 年 1 月形成了《多维产品协定》，为期四年。随后，又于 1978 年、1982 年、1986 年连续延长三次。

1986 年开始的关贸总协定乌拉圭回合谈判，经过发展中缔约方的共同努力，最终于 1993 年形成了新的纺织品协定（ACT 协定）。从 1995 年开始，经过十年的过渡期，限制发展中国家和地区纺织品贸易的国际配额制终于在 2005 年被废止。

（二）美国服装产业的零售革命以及纺织服装国际生产链的形成①

除了进口竞争之外，以美国代表的西方发达国家的服装纺织产业也在消费革命的推动下经历着转型。美国纺织服装产业的这种转

---

① Abernathy, F., Dunlop, J., Hammond, J. H. and Weil, D.（1999），*A Stitch in Time：Lean Retailing and the Transformation of Manufacturing：Lessons from the Apparel and Textile Industry*，New York：Oxford University Press. Abernathy, F. H., Dunlop, J. T., Hammond, J. H. and Weil, D.（2004），"Globalization in the apparel and textile industries：what is new and what is not?"，In M. Kenney and R. Florida（eds），*Locating Global Advantage：Industry Dynamics in the International Economy*，Stanford，CA：Stanford University Press，Chapter 2.

型出现在 20 世纪 70—80 年代。从 20 世纪 70 年代开始，美国消费者们开始越来越多地追求多样化产品、追求时尚产品，而一改第二次世界大战期间以及战后的呆板、单调的消费倾向。就服装的消费而言，第二次世界大战期间，因为战争的需要，服装以整齐划一的军服和制服为主：品种单一，规模庞大。20 世纪 70 年代，随着第二次世界大战后出生的新一代年轻人开始成为消费的主体，人们的消费倾向也逐渐发生了巨大变化：多样化、时尚化的产品占据了主流。第二次世界大战后，很长一段时间内，美国男装的标准配置都是一套西装、两条裤子；衬衫，以白色为主基调。从 20 世纪 70—80 年代开始，休闲化、时尚化的着装逐渐成为主流。

伴随着这种变化，决定美国服装制造商竞争优势的因素也发生了根本性的改变——传统的规模经济以及劳工成本逐渐让位于交货的速度、生产的灵活性等。这样，在与低成本国家和地区的进口产品竞争中，美国制造商获得了新的优势。

与此同时，美国的零售体系也在发生改变。随着越来越多富裕的美国家庭转移到城市郊区居住，以及高速公路、家庭轿车的普及，传统的集中在城市大零售百货店的销售方式也逐渐让位给在郊区甚至远离城市的荒野地带新建立的 shopping mall、购物中心以及OUTLETS 等，而城市中心区则居住着收入较低的穷人们。这种变化使得新型的零售商们逐渐获得了新的竞争优势——通过实时了解消费者的需求，一方面，开发众多的符合消费者需求的产品；另一方面，及时转告生产商，进行新产品新品种的生产。

新型的交通和通信技术也大大方便和促进了这种多样化的消费倾向。美国的服装生产商们正是利用了这些通信和交通技术实现了重生——它们是通过 EDI（电子数据交换体系）、自动化的分销中心以及复杂的库存管理方式等战胜海外的低成本竞争者，能够在短短的几天时间内提供多样化的新产品。

需要强调的是，促使纺织服装产业发生改变这种因素——市场需求、技术以及零售方式等都不是发生在纺织服装产业内部，而是首先发生在其他部门中。但是，在一个活跃的市场经济中，一个部门中的变化或者革命会对于其他部门产生意想不到的重大影响。以条形码的出现为例。它是 20 世纪 70 年代最先出现在食品和杂货店产业中的。为了节省收银员的劳工成本以及减少顾客等待的时间，随着激光技术的商业化，自动化的结账系统应运而生。1970 年，杂货店产品生产商、食品连锁店和其他相关企业的老板们聚集一堂，决定开发一种"通用的产品码"，即条形码——前五位用于生产商的识别，后五位用于杂货店等的识别。1975 年之前，这种条形码开始在食品连锁店和食品杂货制造商中普及。大约过了十年之后，也开始在服装零售商和生产商中普及。

服装产业的革命性变化，也对于纺织产业产生了新的影响。开发符合新的消费需求的面料和产品成为新的发展方向。具有免烫、透气、吸汗、五彩缤纷等特点的面料和服装就逐渐被开发出来，从而大大提高了纺织产业技术水平以及投资规模。这些都是低成本的发展中国家和地区不具备的优势。

这样，依赖于对于发达国家消费者消费趋势的把握、引导和满足，在传统的纺织服装产业之外，发达国家的生产商和零售商们建立了新的竞争优势，成为把控整个行业发展的领头者。与此同时，这些新型的跨国公司也开始顺势而为，将一些低端的传统生产活动转移到其他低成本国家和地区进行，并在区域甚至世界范围内组织生产，从事经营活动。正是在这样的条件下，纺织服装的区域、全球价值链才逐渐形成。

当然，纺织服装区域和全球价值链的形成有一个过程。最初，是第二次世界大战初期到第二次世界大战后，尤其是 20 世纪 50—60 年代，日本、中国香港等低成本国家和地区的企业的出口，以及对于发达国家的冲击。其次，是 20 世纪 70—80 年代发达国家的零售店的主动出击，进行生产外包，从低成本国家和地区筹供纺织服装产品（松散的价值链，或者说美国传统生产和零售方式的一种国际扩展）。最后，是 20 世纪 90 年代开始的、发达国家生产商和零售商的区域或者全球价值链下的经营活动。这是真正的区域和全球价值链时代。

总之，在进口的竞争压力下，以及通信技术革命的推动下，发达国家的纺织服装产业的发展经历着剧烈的转型。这种转型的方向是逐渐退出劳动密集型的生产环节，而集中在价值链的两端，即销售和产品的开发与设计上。这样，发达国家就兴起了控制着当地市场销售渠道的零售跨国集团，以及控制着当地销售品牌的大型国际品牌公司。这些跨国公司，一方面将发达国家的销售终端控制，另一方面通过研究和开发引领发达国家、进而引领世界的时尚潮流，进行新产品的设计，从而塑造和控制了面向发达国家的全球纺织和服装产业链。需要强调的是，发达国家中，只有一小部分国家有本土的品牌，并控制着当地的销售渠道；大部分的国家都在开放条件下，放弃这个产业——作为一个劣势产业，依赖国际贸易，从国际市场上进行采购和进口。另外，在开放的条件下，发达国家的跨国公司不仅控制着发达国家的市场，也非常注意新兴发展中国家市场的成长，并长线投资，有序地进入。比如，从影响当地的中高收入水平的人群开始，一点点地培育当地消费者的品牌认知度，占领当地产业的制高点。

（三）发展中国家的产业发展模式

在这样的背景下，落后国家发展本土纺织和服装产业的模式可以有这样几种选择：其一，仅仅发展传统的纺织服装产业，而没有现代成分——国内和国外都没有——的模式。这是大部分最贫穷落后的国家的情形。其二，既发展传统纺织服装产业，又发展出口导向型的纺织服装产业的模式，或称"两张皮"战略。这是刚刚进入国际纺织服装全球价值链的国家的情形。其三，国际化的纺织服装产业发展模式——既促进国内的产业传统到现代的转型，同时又参与全球纺织服装价值链，逐渐将两者融合，并控制国内的市场销售渠道，发展本土的国际品牌。只有极少的落后国家能够实现这种发展，中国是其中之一。当然，落后国家发展起来，进入发达国家的行列后，绝大多数的国家逐渐丧失这个产业，而从国际市场上筹供。

（四）中国参与区域和全球纺织服装价值链的过程

中国纺织和服装产业参与全球价值链的过程，经历了这样两个阶段：第一阶段，1978—2000 年：开放条件下，参与国际竞争，加入区域生产链。第二阶段，2001 年至今：本土产业与供应全球产业链的产业的融合，一方面，现代化了本土的产业；另一方面，成为最主要的国际供应商，但是，依赖跨国的采购商——品牌跨国公司和渠道零售跨国公司。

中国纺织服装产业参与全球价值链，是从改革开放时期开始的。在此之前的 1949—1977 年，虽然也参与纺织品的国际贸易活动，但是，主要是服务于国内独立的纺织产业体系的建设和发展。出口的纺织品，一部分甚至是内销转外销的产品，以便获得更多的外汇。改革开放以后，一方面是为了满足出口创汇的要求，在毗邻港澳的广东地区，国家大力发展"三来一补"活动。其中，纺织品是主要的产品类别。另一方面从 20 世纪 80 年代中期开始，利用周边国家和地区劳动密集型产业大规模向外转移的机会，中国大力引进这类外资，从而逐渐融入东亚的生产网络之中。在这一时期的中国吸引外资中（外商直接投资），纺织服装产业是热点产业，占了整个中国吸引外商直接投资的 10% 以上。1979—1987 年，中国引进的协议外国直接投资中，纺织产业占比高达 12.51%，在所有十大产业中排位第四，仅次于轻工、电子、机械产业。而 1988 年引进的协议外国直接投资中，纺织产业更是排位第二，仅次于轻工产业[①]。在外商投资企业的出口中，纺织服装的出口比例更高。比如，1989 年，外商投资企业的出口额为 49.2 亿美元，其中，纺织服装出口为 14 亿美元，占比高达 28.46%[②]。同时，外资企业已经成为这个产业中的重要组成部分。1995 年年底，根据第三次工业普查资料的统计，纺织行业外商投资企业共有 10690 家，占全行业的

---

① 武超：《外商对华直接投资调研报告》，中国财政经济出版社 1991 年版，第 72—73 页。

② 同上书，第 176 页。

14%，工业总产值（按照 1990 年不变价计算）为 1456.5 亿元，占全行业的 19.6%，利税 59.8 亿元，占全行业的 14.6%，雇用职工158.7 万人，占全行业的 12.7%，外商投资企业的销售收入 1561.5亿元，其中，894.6 亿元为出口额，出口比率高达 57.3%。1995年年末，外商投资企业累计协议投资 462 亿元，实际投资 406.8 亿元，占同期纺织服装行业固定资产投资的 21.6%。

这一时期也是中国纺织服装产业改革转型的关键时期。通过参与区域价值链，这个产业成功地进行了转型升级，并成为国内产业中率先完成转型、最具国际竞争力的产业。

2001 年加入世界贸易组织之后，国内外的有利条件促使中国的纺织服装产业进入新一轮的快速发展时期。在国际市场，中国的纺织服装产品，攻城略地，成为世界市场上的佼佼者。

从图 3 - 3 中可以看出，中国的纺织品和服装产品，自 2001 年之后，均快速地获得了世界的市场份额。到 2016 年的时候，中国纺织品出口在世界纺织品出口市场的份额高达 37.2%，服装在世

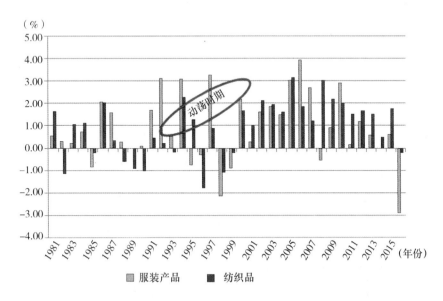

图 3 - 3 中国纺织和服装产品出口在世界市场的份额变化

资料来源：WTO 数据库。

界服装出口市场上的份额为 36.4%。而在 2001 年中国入世之时，这两个份额分别为 11.43%、18.95%。短短的 15 年，中国纺织服装产品每年平均获得一个多百分点的世界市场份额。这在世界纺织服装产业的发展历史上是非常罕见的。

（五）中国在全球纺织服装价值链中的位置

目前，中国在全球纺织服装价值链中的位置，是世界最主要的供应商之一，是西方跨国品牌商和零售商最重要的供货方之一。本质上，我们仍然处在附加价值较低的生产环节；相对于品牌维护、产品开发以及营销渠道开发而言，我们仍然处在价值链的中低端位置。但是，这是一个国家"参与"纺织服装全球价值链能够达到的最高位置了。因为，价值链的制高点——品牌和销售渠道，以及新产品的开发等都控制在发达国家的跨国公司手中。这些公司依赖着对于发达国家市场的控制（首先是拥有较大消费市场的发达大国的市场，其次是其他发达中小国家的市场；并且，这些公司往往来自发达的大国），依赖于产品的研发以及时尚潮流的推动，主导着不同产品的全球价值链，并将一些生产活动转移到成本低廉的发展中国家和地区进行。这既为发展中国家和地区的企业提供了参与全球价值链的机会，从而获得生产技术、规范以及管理等方面的、来自发达国家跨国公司的培训和支持，同时，也为这些来自发展中国家和地区的企业的未来发展设置了"天花板"——只能是生产环节上的顶级供货商位置。只有极少数的国家和地区的企业能够获得营销、研发或者品牌建设的机会，但是，也往往是"副手和随从"的地位。

就纺织服装全球价值链的供应商角色而言，竞争激烈，并不断地在不同的国家和地区之间转移。第二次世界大战以后，至少经历了这样几次转移：首先是 20 世纪 50—60 年代的日本，其次是 20 世纪 70—80 年代的"亚洲四小龙"，最后是中国大陆。处于价值链制高点的西方跨国品牌和零售商们，以及它们背后的西方政府，一方面利用配额制度，另一方面利用 GSP 安排（利用现有纺织品和服装产品上的进口关税，以零关税的形式给予某些国家特惠安排），在很大程度上主导着这种生产的国际布局。最新的发展是，西方国家和它们的跨国公司密切合作，将 GSP 安排和其他议题相挂钩，从而迫使发展中国家和地区做出改变，甚至干涉这些国家的政治和内政。比如，将 GSP 的优惠与当地供应商的环保、劳工保护等相挂钩（见图 3-4）。

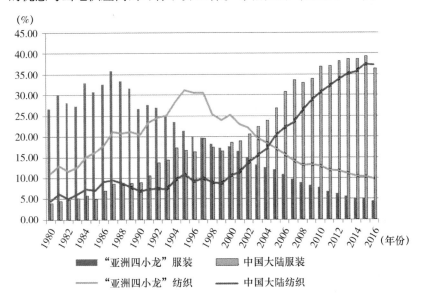

图 3-4　1980—2016 年中国大陆和"亚洲四小龙"在世界纺织服装出口市场上的份额变化

资料来源：WTO 数据库。

1980—2016 年，在全球纺织服装价值链中，中国大陆成功地弥补了"亚洲四小龙"的退出所留出的市场空间，使得国际纺织服装全球价值链能够继续稳定发展。图 3-4 中，很清楚地表示了这种"亚洲四小龙"与中国大陆角度的转换。

目前，中国在世界纺织服装市场的地位似乎已经到达了顶点。2016 年、2017 年，中国的市场份额也有所下降。在这种变化的背后，是中国国内生产条件变化以及相应的比较优势地位的削弱。从2003 年、2004 年开始，中国的沿海地区就开始出现了招工荒，从而引发了劳工工资上涨的序幕。过去十多年间，中国的最低工资水平每年平均上涨幅度超过两位数。与此同时，国内的环保政策也在收紧，使得一些高污染的生产举步维艰，甚至被强行淘汰。正是在这样的背景下，从 2003 年、2004 年尤其国际金融危机开始，中国纺织服装企业就开始了"走出去"的尝试，并逐渐成为一种共同战略（见表 3-2）。

总体上看，中国纺织服装企业已经走出了国门，并在海外延续自己在全球价值链上的功能和位置，有些企业甚至开始构建起了区域性、全球性的生产体系。还有一些企业，甚至试图通过并购发达国家品牌的形式升级在全球价值链中的位置。但是，这方面的努力似乎效果并不是很好，因为并购的品牌都不是主流品牌，而是一些处于淘汰边缘的老品牌。

未来，中国能否成长为一个新的"发达国家型的纺织服装产业"，即一批本土的品牌和渠道商控制着本土的市场和销售渠道，另外，一批本土的跨国公司供应商从外部进行产品的供应（美国的模式是我们的方向）呢？这样的前景非常诱人，但是任重道远。

第三节　中国纺织服装企业参与澜沧江—湄公河流域区域价值链的情况

（一）中国与澜湄五国纺织服装产业的互补性

和中国相比，澜湄国家的纺织服装产业虽然也都有相当的发展，但是都没有建立起完整独立的纺织服装产业体系。并且除了泰国之外，基本都处在纺织服装产业发展的初级阶段。这些国家的人口规模都比较小，越南人口最多，也不足一亿人。选择自力更生、独立自主的发展道路也不现实（市场开放、当地政府的政策连续性等），因此，参与全球价值链是当地产业发展的一种战略性选择：如果积极参与，就可以获得快速发展，并推动当地的整个工业化进程；否则就会被边缘化。

从这个角度来看，中国的纺织服装产业和这个地区的其他四个国家（越南、柬埔寨、缅甸和老挝。泰国除外，因为泰国的发展水平和中国类似，人工成本高；并且在 20 世纪 80—90 年代的发展中，泰国的纺织服装产业也经历了快速的发展，现在当地的一些企业也在向外转移）具有很强的互补性，即中国的产业转移与这几个国家的未来发展非常匹配。如果政策上能够再推动一下，则会获得更快的发展。

（二）中国在澜湄地区的纺织服装贸易情况

中国纺织服装产业已经和澜湄沿线国家实现了较为密切的融合。从贸易方面来看，2017 年，中国对澜湄沿线五国总出口1265.44 亿美元，其中纺织服装产品出口 200.69 亿美元，占15.86%；纺织服装产品进口 46.57 亿美元，占中国从这五国总进口的 4.68%。来自中国的纺织服装中间产品已经成为这个地区纺织服装产业发展的最主要来源——其中，对于柬埔寨、越南和缅甸尤其如此（见表 3 - 2）。

表 3 - 2　　　　　中国与澜湄地区五国的纺织产服装品

贸易情况（2017 年）　　　单位：亿美元、%

	出口	纺织服装产品出口	纺织服装产品出口比例	进口	纺织服装产品进口	纺织服装产品进产口比例
缅甸	90.45	15.67	17.33	45.26	0.51	1.13
柬埔寨	48.17	26.83	55.70	10.09	3.06	30.33
老挝	14.41	0.23	1.60	15.81	0.01	0.06
泰国	388.83	25.79	6.63	418.62	6.45	1.54
越南	723.58	132.17	18.27	505.28	36.54	7.23
合计	1265.44	200.69	15.86	995.05	46.57	4.68

资料来源：海关总署。

（三）中国纺织服装企业在澜湄地区的投资情况

纺织业既是中国最具比较优势的产业，也是中国制造业中最活跃的对外投资产业。根据商务部统计，2003—2018 年，中国纺织服装产业对外直接投资累计 97.8 亿美元，平均占同期制造业对外直接投资的 6.72%（参见表 3 – 3）。在纺织、服装装饰以及化纤三个分产业类别中，纺织分产业的对外投资占比最高，服装次之。2003—2012 年，中国纺织产业对外投资中，纺织、服装装饰和化纤的占比分别为：53.52%、38.22% 和 9.10%。2017—2018 年，三个分产业的对外投资占比分别为：61.81%、29.54% 和 8.75%。显然，纺织环节是中国纺织产业链条中最具竞争优势的环节，这也是纺织产业链中，资本和技术密集度最高的生产部分。

中国纺织业的对外投资大致经历了三个阶段：第一阶段，金融危机之前，每年大致在 1 亿美元规模上徘徊，属于起步阶段。这一阶段的纺织业对外投资属于贸易摩擦规避类。加入世界贸易组织以后，一方面受到纺织品特别机制的约束，中国纺织品的出口在 2005 年全球纺织品配额限制取消后，个别产品仍然要受到约束，另一方面，发达国家对华出口产品的反倾销诉讼大幅度增加。受此影响，不少中国纺织企业在海外建立新的生产基地，规避配额以及反倾销的限制。第二阶段，2008—2013 年，受国际金融危机的影响，对外投资快速扩张，每年的投资规模在 3 亿—5 亿美元之间，在整个制造业中的占比也比较高。金融危机为中国纺织企业提供走出去并购一些发达国家纺织服装企业和品牌的机会。第三阶段，2014—2018 年，对外投资的高潮时期，每年投资平均达到 14.4 亿美元。这一时期，如火如荼的 TPP 谈判给中国纺织企业对外投资以强大压力。美国强力推动的 TPP 谈判，代表了高水平的区域自由化进程；而中国被排除在外。这个区域协议的形成，使得中国纺织企业的生产以及出口面临很大的竞争压力。不少企业开始投资作为 TPP 一员的越南以规避这种风险。在 TPP 协议达成和签署的 2016 年，中国纺织产业整体对外直接投资创下了历史高潮，较前一年同期增长 89.3%，达 26.6 亿美元。当然，2003 年以后，国内要素价格的上涨以及政策的收紧也是中国纺织企业对外投资的重要原因。

就投资的区域分布而言，澜湄地区，尤其是越南、柬埔寨和缅甸是中国纺织服装企业海外投资的热点地区，投资存量也最多。以

2018 年为例。这一年中国在该地区纺织业的投资为 5.04 亿美元，占当年中国纺织业全部对外投资的 51.43%。这一年中国纺织业整体对外投资比上一年下降了 20%（从 11.8 亿美元下降为 9.8 亿美元），而在该地区的投资则增加了 86.5%。其中，对越南的投资达到 4.66 亿美元，占在澜湄地区投资的 92.46%。据估算，在越中资企业，如天虹集团、鲁泰集团、华孚色纺、百隆东方等，投资的纺织产能已经达到 300 万锭左右①。

根据商务部境外投资企业（机构）名录中的企业②数据，2014 年 4 月底经商务部核准的境外投资纺织企业有 689 家，主要的投资领域为生产、研发设计和贸易销售这三类。其中，生产类投资主要集中在发展中国家和地区。2003—2014 年，共有 153 家生产类企业向海外转移产能，93 家转移到亚洲，占总数的 60.78%，主要分布在柬埔寨、越南、孟加拉国等国家。40 家转移到了非洲的埃及、尼日利亚、埃塞俄比亚等国家，占总数的 26.43%。纺织企业将生产环节转移到这些发展中国家，主要是利用当地廉价的劳动力资源，有效降低生产成本，有时也是为了利用当地纺织品出口配额。

表 3 - 3　　　中国纺织业对外投资（2003—2018 年）

年份	纺织业对外投资（亿美元）	制造业对外投资（亿美元）	纺织业投资占比（%）
2003	1	6.2	16.02
2004	1.1	7.6	14.56
2005	0.6	22.8	2.63
2006	0.9	9.1	9.93
2007	1	21.3	4.70
2008	3.1	17.7	17.55

① 崔晓凌：《中国纺织行业对外投资的形势和特点》，载《2018/2019 中国纺织工业发展报告》，中国纺织出版社 2018 年版，第 183—188 页。

② 范毓婷、刘卫东：《中国纺织企业海外直接投资空间格局》，《地理科学进展》2018 年第 3 期。

续表

年份	纺织业对外投资 （亿美元）	制造业对外投资 （亿美元）	纺织业投资占比 （%）
2009	2.1	22.4	9.37
2010	3	46.6	6.43
2011	2.6	70.4	3.69
2012	5.4	86.7	6.23
2013	5.2	72.0	7.23
2014	9.5	95.8	9.91
2015	14.1	199.9	7.05
2016	26.6	290.5	9.16
2017	11.8	295.1	4.00
2018	9.8	191.1	5.13
合计	97.8	1455.0	6.72

资料来源：中国商务部。

随着中国国内生产成本的不断上升，以及环保要求越来越严格，纺织服装产业走出去的步伐会更加迅速。作为占据世界纺织服装出口三分之一份额的国家，哪些国家或者地区能够弥补中国企业腾出来的市场空间呢？澜湄沿线国家是选择之一。不仅如此，随着国内产业的转移，中国也会越来越多地从海外筹供纺织服装产业。14 亿人口的巨大市场，潜力无限。

对于澜湄沿线的国家，尤其是越南、柬埔寨、缅甸和老挝而言，这是难得的发展机遇。如果能够有相匹配的战略和政策的话，那么，在澜湄地区就会很快形成区域性的纺织服装价值链，既服务传统的发达国家市场，也服务新兴的中国等亚洲市场。

第四章 老挝

Viengsavang Thipphavong，Somdeth Bodhisane

第一节 老挝纺织服装业价值链 发展状况：国内视角

（一）老挝纺织服装业发展状况

1. 整体状况

老挝是东南亚地区的一个发展中国家，人均收入约为 2609 美元。老挝约有 28% 的人口每天的生活费低于 2 美元。近年来，尽管老挝的采矿和水电业开始起步，但农业仍然在老挝经济中扮演重要角色，占整体 GDP 的 44%（GOL，2008）。

1986 年，老挝政府决定将本国的计划经济转变为市场经济。这一决定是老挝推动私营部门发展政策的一个重要转折点。在它的推动下，老挝首部投资法于 1988 年获得正式通过。在投资法施行的初期，外国对老挝的投资主要集中在纺织服装业。20 世纪 90 年代初，由于制造商寻求在不受出口配额限制、劳动成本相对较低的国家建立生产基地，纺织服装业的外商直接投资开始增长。这一时期，纺织服装业的外商直接投资占经批准外商直接投资总额的 7.3%。老挝首家纺织服装厂建于 1984 年，第二家建于 1990 年。2014 年，纺织服装业的注册工厂数量已经增至 99 家。1999 年，服装对制造业的贡献率约为 21.97%；2005—2015 年，服装对制造业的贡献率约为 13.2%。2018 年，老挝纺织服装厂的数量降至 78 家，其中 50 家以出口为导向，其他 28 家从事转包（老挝服装业协

93

会，2018）。老挝纺织服装业为该国的减贫事业和经济发展做出了重大贡献，为来自农村地区的女性劳动力创造了 3 万多个就业岗位（Sakurai 和 Ogawa，2006）。2004 年《多边纤维协定》的终止和 2008 年国际金融危机不可避免地对老挝纺织服装业产生了影响，尤其表现为近年来市场竞争力下滑、订单数量减少。表 4 - 1 显示，2018 年，老挝服装业的劳动力人数仅占该国劳动人口总数的 7.37%（老挝服装业协会，2018）。

表 4 - 1　　老挝纺织服装业分类和占本国劳动人口的比例

序号	描述	2005	比例	2010	比例	2018	比例
1	工厂总数	125	100	110	100	78	100
	外资	39	31.2	32	29.09	36	46.15
	合资	缺失	—	14	12.73	7	8.97
	内资	20	16	20	18.18	7	8.97
	转包/外资	66	52.8	44	40	28	35.89
2	劳动人口总数（人）	101945		103021		407000	
	服装业劳动人口占劳动人口总数的比例（%）	26.98		25.24		7.37	

资料来源：老挝服装业协会（2018）、工业手工业管理局（2018）、劳动和社会福利部（2018a）。

外商直接投资为老挝纺织服装业的发展做出了重大贡献。老挝大多数纺织服装厂属外资企业。该国有 35 家纺织服装厂归马来西亚、巴基斯坦、澳大利亚、法国、丹麦、意大利、越南、荷兰、中国（共 3 家，其中 2 家的厂主来自中国台湾地区）、泰国、日本等国家的投资者所有。这些纺织服装厂中，有 7 家是老挝—泰国、老挝—日本、荷兰—德国、泰国—日本的合资公司，其他 28 家是转包企业（更多相关信息可参见表 4 - 1、图 4 - 1）。老挝纺织服装业的发展多年来受外国投资的影响很大。外国投资以外商直接投

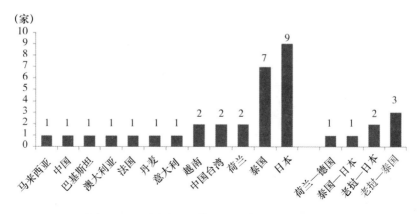

图 4-1　老挝纺织服装业的投资来源国家/地区

资料来源：老挝服装业协会（2018）。

资和合资公司的方式呈现，在出口和创造就业中起到引领作用。2000—2018 年，老挝纺织服装厂的数量起伏不定——2005 年达到峰值（114 家），2018 年降至 78 家。这从侧面体现了同一时期纺织服装业从业人数的变化。但是，表 4-2 显示，老挝纺织服装业一直呈现快速增长的趋势，增速远远高于 24%。

老挝纺织服装业没有大型工厂。大多数纺织服装生产商都是家庭式手工作坊。目前，老挝有约 1000 家从事纺织服装生产的中小企业，主要面向国内市场，服务军队、警卫队等特定客户。但是，某些制造商据称会定期向马来西亚、新加坡、日本、欧盟等国家的某些市场出口产品。老挝生产的主要手工艺品包括家居装饰品、家用纺织品、纪念品、礼品，多以蚕丝和棉布为原材料[1]。

表 4-2　　老挝纺织服装厂数量（2000—2018 年）

年份	工厂数量（家）	工人数量（人）	真实增长率（%）
2000	79	19000	32.75
2002	80	21462	34.69

---

[1]　资料来源：2018 年 7 月对老挝手工业协会的采访。

续表

年份	工厂数量（家）	工人数量（人）	真实增长率（%）
2005	114	27500	33.30
2008	94	24094	24.00
2010	96	28000	24.35
2013	106	31000	28.00
2015	99	30000	31.27
2017	89	30000	缺失
2018	78	26000	缺失

资料来源：老挝服装业协会（2018）、工业手工业管理局（2018）。

蚕丝和棉布是老挝生产的两种主要手工纺织品。这些产品的价值链（从原材料供应商到成品生产商）可通过生产过程进行跟踪。发展中国家出口商品推广中心2015年开展的一项研究发现，老挝的棉布和蚕丝生产商主要从邻国（中国和越南）采购原材料，也有部分生产商向内部/国内供应商采购原材料。据估计，老挝的养蚕场不超过1000家，蚕丝生产能力为5吨。此外，老挝拥有10架以上织布机的中小企业约有500家，拥有养蚕场的全面一体化企业有5家。因此，老挝蚕丝和棉布价值链上的所有环节均为"内部环节"（更多相关信息可参见图4-2）。

老挝棉农主要分布在沙湾拿吉、沙耶武里、乌多姆塞、琅勃拉邦、琅南塔等省份。这些省份的棉布生产商普遍从事手工棉纺作业。但是，由于棉花在老挝的受重视程度不如水稻，棉花农场并没有呈现强烈的扩张趋势。老挝国有棉布制造企业和其他大型手工业企业致力于推广手纺靛蓝染色棉布和天然染色棉布。老挝最大的靛蓝染料生产厂位于琅勃拉邦省。该省约有20家中小企业生产靛蓝染料（发展中国家出口商品推广中心，2015）。老挝国内养蚕场的生产活动发展缓慢，规模很难扩大。老挝工商部开展的一项研究发现，养蚕业规模受限的原因包括：橡胶、木薯等经济作物生产领域与养蚕业争夺劳动力；当局没有为养蚕业提供足够的支持；桑园被洪水淹没；禽蛋生产更稳定，成本效益更高；非政府组织扭曲市场价格；现代生产方法的冲击；融资困难（老挝工商部，2009）。

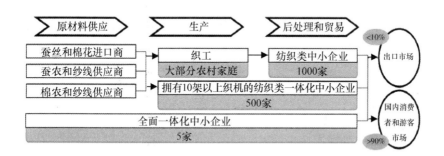

图4-2　纺织品价值链

资料来源：发展中国家出口商品推广中心（2015）。

2. 纺织服装在国民经济中的地位和角色

老挝服装业协会2018年的报告显示，2017年，老挝纺织服装出口对制造业出口的贡献率约为42%，出口额约为2亿美元。过去几十年，纺织服装业为老挝的经济发展做出了重大贡献。纺织服装业1995—2015年的贸易顺差约为8500万美元。2017年，该行业的贸易顺差超过1.2亿美元，创历史新高。欧盟（《除武器外全部免税条约》）和美国（正常贸易关系待遇）提供的特别优惠关税是推动老挝纺织服装出口量激增的重要因素之一。截至2018年，全球共有36个国家为老挝提供普惠制待遇（老挝服装业协会，2018；外贸政策局，2018）。

老挝纺织服装业的主要市场包括欧盟、日本、美国、加拿大和其他东盟国家。纺织服装出口为老挝带来的收入仅次于矿业、水电和农产品（进出口管理局，2017）。但是，过去几年，被视为高增速行业的纺织服装业已被增速更快的行业（即采矿和水电行业）赶超。纺织服装出口在总出口中的份额已经有所下滑，纺织服装业的附加值也鲜有增长（Insisiengmay 和 Bannalath，2013）。

尽管纺织服装业近些年呈现衰退趋势，但它对老挝利用贸易一体化机遇、推动出口多元化仍具有重要意义。此外，它在创造就业方面也扮演重要角色，且有助于老挝经济从农业向工业化转型。此外，纺织服装业是非农就业岗位的重要来源，是推动老挝制造领域技术升级的重要力量。但是，近年来宏观经济形势的变化以及全球经济的波动对老挝纺织服装业造成了直接影响。

（二）纺织服装业价值链发展状况

1. 产品范围

老挝的纺织服装厂主要按客户订单生产各类产品，例如 T 恤衫、长裤、女士内衣、牛仔裤、运动服、床罩、工作服、婴儿纺织品和服装。从根据二位协调制度（HS）编码计算出的出口比例可以看出，2013—2017 年，老挝出口最多的是 HS62、HS61 和 HS64 类别下的商品，而 HS63 和 HS54—HS60 类别下的商品则出口得非常少（见图 4 - 3）。图 4 - 4 按出口额列出了老挝 2013—2017 年出口的前 20 种纺织服装产品。其中，男士服装、鞋类和女士服装排名靠前[①]。

老挝纺织服装出口的主要对象是为老挝提供贸易优惠的国家（如欧盟、日本和美国）的海外客户。老挝出口的服装大多是成衣。但是，老挝没有采用制造商品牌的出口服装，大多数出口服装采用的是买方品牌。因此，老挝的纺织服装制造商（从事 CMT 和 FOB）仅参与跨国企业（先进企业）的后向关联。在这种由买方驱动的价值链上，先进企业控制生产网络、设计、营销和品牌推广（Staritz，2011）。由于几乎所有原材料均来自邻国（包括澜湄国家），当进口材料被制作成等待出口的产品时，老挝纺织服装业的价值链和地区原材料供应商的价值链之间实现平衡。

---

① 老挝 2017 年出口的各类纺织服装产品用六位 HS 编码表示。

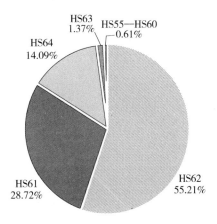

图 4-3　鞋服出口的比例（用二位 HS 编码表示）（2013—2017 年）

注：HS54（化学纤维长丝；人造纺织材料制的扁条及类似品），HS55（化学纤维短纤），HS56（絮胎、毡呢及无纺织物；特种纱线；线、绳、索、缆及其制品），HS57（地毯及纺织材料的其他铺地制品），HS58（特种机织物；簇绒织物；花边；装饰毯；装饰带；刺绣品），HS59（浸渍、涂布、包覆或层压的织物；工业用纺织制品），HS61（针织或钩编的服装及衣着附件），HS62（非针织或非钩编的服装及衣着附件），HS63（其他纺织制成品；成套物品；旧衣着及旧纺织品；碎织物），HS64（鞋靴、护腿和类似品及其零件）。

资料来源：国际贸易中心（2017）①。

　　除通过工业生产活动制造的纺织服装之外，传统手工纺织品也是老挝的一项重要产品。私人手工作坊和家庭式作坊是利用有机材料和天然纤维生产传统本土纺织品的重要推动力量。工商部手工业促进局 2015 年的报告显示，老挝估计约有 2 万家家族企业，包括 1300 家小型企业，52 家中型企业，10 家大型企业。老挝纺织服装产品通常以蚕丝和棉花为原料。这些原料主要从中国、泰国、越南进口，也有一部分由本土供应。老挝纺织服装产品主要面向国内消费者和游客，但也出口到欧盟、日本和东盟国家的某些市场。如果老挝的纺织服装生产商能满

---

① 以国际贸易中心的信息为依据。

足欧盟客户的要求（例如对可持续性、生态友好性和公平贸易的要求），老挝的手工纺织品有很大潜力融入欧盟的家用纺织品价值链（发展中国家出口商品推广中心，2015；Sommany 和 Wilson，2008）。

　　在出口纺织服装产品的同时，老挝还从世界各地进口许多纺织服装产品。图 4 - 5 显示，2017 年，在按 HS 代码分类的进口产品组中，HS55、HS60、HS63、HS62 和 HS64 排在前几位。这是 2013—2017 年这五年老挝经常进口的纺织服装产品。图 4 - 4 按六位 HS 编码对前 20 种进口产品进行了分解。从图中可以看出，2013—2017 年进口的大部分纺织服装产品均与制造纺织服装产品使用的原材料有关，例如平织布、铺地织物、浸胶布及纺织材料制成的标签和徽章（见图 4 - 6）。

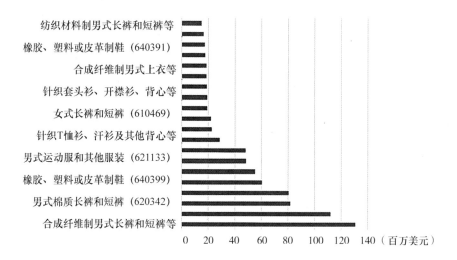

图 4 - 4　老挝出口的前 20 种纺织服装产品（按进口额划分，用六位 HS 编码表示）（2013—2017 年）

资料来源：国际贸易中心（2017）。

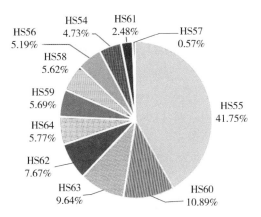

图4-5　老挝纺织服装进口比例（用二位 HS 编码表示）（2013—2017 年）

注：HS55（化学纤维短纤）；HS60（针织或钩编织物）；HS63（纺织制成品；成套物品；旧衣着及旧纺织品；碎织物）；HS54（化学纤维长丝；人造纺织材料制的扁条及类似品）；HS64（鞋靴、护腿和类似品及其零件）；HS56（絮胎、毡呢及无纺织物；特种纱线）；HS58（特种机织物；簇绒织物）；HS59（浸渍、涂布、包覆或层压的织物）；HS62（非针织或非钩编的服装及衣着附件）；HS61（针织或钩编的服装及衣着附件）；HS57（地毯及纺织材料的其他铺地制品）。

资料来源：国际贸易中心（2017）。

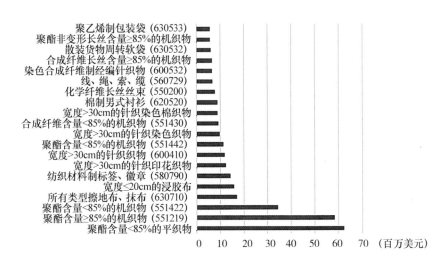

图4-6　老挝进口的前 20 种纺织服装产品（按进口额划分，
用六位 HS 编码表示）（2013—2017 年）

资料来源：国际贸易中心（2017）。

2. 优势产品

鉴于老挝属于欠发达国家，发达国家已通过免关税、免配额和普惠制等形式为该国提供特别优惠待遇。欧盟《除武器外全部免税条约》和日本普惠制对老挝以关税、配额全免的方式进入欧盟和日本市场起到重要的推动作用。因此，从老挝出口到这些市场的纺织服装产品可能拥有比较优势。但是，继《多边纤维协定》于2004年终止之后，全球纺织服装市场已经进入一个新的竞争阶段。这为发展中国家向发达国家出口商品消除了由《多边纤维协定》产生的关税壁垒。通过对比大湄公河次区域国家（包括一些向前十大进口国出口纺织服装产品的国家）的显性比较优势可以看出，2016年，孟加拉国、柬埔寨、越南在向主要进口国出口纺织服装产品方面呈现较强的竞争力。在向全球前四大进口国（不包括中国；对老挝而言，不包括中国内地和中国香港）出口纺织服装产品方面，缅甸和老挝的显性比较优势最明显。相比大湄公河次区域其他国家，泰国在这些市场的竞争力似乎较弱。尽管中国近些年来将经济发展的重心转向化学和电子行业，但显然在全球纺织服装出口贸易中仍扮演重要角色（见表4-3）。

表4-3　纺织服装显性比较优势对比（按国家和地区划分，
用二位 HS 编码表示）（2016 年）

	美国	德国	日本	英国	中国内地	法国	意大利	中国香港	西班牙	荷兰
孟加拉国	17.71	21.3	13.33	16.95	37.61	18.81	16.04	10.72	13.75	25.5
柬埔寨	15.23	16.6	12.14	15.33	15.57	15.1	11.4	5.76	12.89	18.84
中国内地	1.7	2.38	2.41	2.53	—	2.97	2.78	1.58	2.46	2.01
印度	3.29	5.32	1.61	4.9	7.75	5.31	2.88	0.26	3.68	4.21
老挝	2.45	19.27	6.35	12.06	0.03	10.13	6.58	0.35	10.53	23.48
缅甸	6.25	17.68	12.12	13.73	0.65	10.65	9.17	1.22	12.43	17.49
泰国	0.86	0.82	0.73	0.69	0.84	1.28	1.34	0.32	1.15	0.77
越南	5.5	3.08	3.95	2.84	4.41	3.07	1.47	1.42	3.19	1.64

注：孟加拉国、泰国、越南的显性比较优势仅有 2015 年的数据可供参考。

资料来源：世界银行 WITS 数据。

从产品竞争力角度来看，上述前 20 种出口产品中（见图 4-4），有 5 种产品在男装、女装和鞋类市场具有良好的显性比较优势（见图 4-7）。这些产品由客户长期订购，并定期出口。未来几年，它们可能成为老挝在澜湄合作机制下的潜在优势产品。

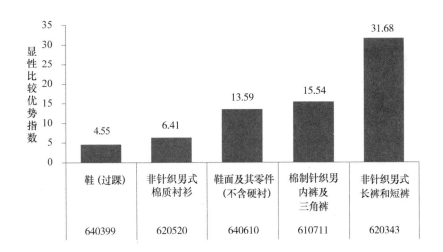

图 4-7　老挝鞋服产品（用六位 HS 编码表示）在世界市场的
显性比较优势（2017 年）

资料来源：作者利用国际贸易中心数据计算显性比较优势指数。

第二节　老挝服装业对国际合作和
澜湄合作的参与

（一）老挝纺织服装业的进出口状况

1. 进口

老挝不仅是纺织服装出口国，同时也是重要的纺织服装进口国。表 4-4、表 4-5 详细统计了老挝纺织服装进口总额和老挝从澜湄国家进口的纺织服装产品价值。表 4-4 给出了 2013—2016 年老挝各省从全球各地进口的纺织服装产品价值。老挝纺织服装进口总额为 1.3322 亿美元，但各省纺织服装进口额存在差异。进口额

最高的省份是万象直辖市（4757万美元），然后依次为博利坎赛
（2778万美元）、琅南塔（2179万美元）、甘蒙（1765万美元）。
这四个省份与中国、越南、泰国接壤，并与三国共同管理国境检
查站。

表4-4　　　　　老挝纺织服装进口额（按省份划分）

（2013—2017年）　　　　　单位：百万美元

省份	2013年	2014年	2015年	2016年	2017年	合计
万象直辖市	13.67	12.33	6.73	7.62	7.22	47.57
博利坎赛	1.52	8.88	5.94	7.06	4.34	27.78
琅南塔	3.01	3.55	2.29	4.78	8.15	21.79
甘蒙	3.72	1.37	2.42	2.94	7.20	17.65
沙湾拿吉	1.28	1.91	1.13	1.57	1.70	7.59
博利坎赛	0.01	0.01		3.15	3.22	6.39
占巴塞	0.12	0.29	0.38	1.18	0.13	2.10
沙耶武里	0.17	0.39	0.22	0.25	0.38	1.41
阿速坡	0.12	0.27	0.14	0.14	0.20	0.87
川圹	0.02	0.03	0.00	0.02	0.02	0.09
丰沙里	—	—	—	0.01	0.02	0.03
合计	23.64	29.03	19.25	28.72	32.58	133.22

资料来源：工商部进出口管理局（2017）。

老挝从世界各地（包括澜湄国家）进口纺织服装产品。表4-
5展示了2013—2016年老挝从澜湄国家进口的纺织服装产品价值。
这五年间，老挝从澜湄国家进口的纺织服装产品价值呈增长趋势，
合计5476万美元。统计数据还表明，越南是老挝纺织服装产品的
第一供应国，对老挝的纺织服装出口额达3346万美元。泰国和中
国对老挝的纺织服装出口额分别为1802万美元和328万美元。老

挝很少从柬埔寨进口纺织服装，2014 年仅进口 2000 美元，2016 年仅进口 4000 美元。缅甸是唯一一个在纺织服装贸易方面与老挝无任何合作关系的澜湄国家。

表 4 - 5 　　　老挝从澜湄国家进口的纺织服装产品价值

（2013—2016 年）　　　　　　　单位：百万美元

国家	2013 年	2014 年	2015 年	2016 年	合计
越南	4.34	10.69	7.88	10.55	33.46
泰国	4.67	3.47	3.8	6.08	18.02
中国	1.07	0.68	0.86	0.67	3.28
柬埔寨	—	0.002	—	0.004	0.006
缅甸	—	—	—	—	—
合计	10.08	14.84	12.54	17.30	54.76

资料来源：国际贸易中心（2017）。

2. 出口

纺织服装业对老挝的经济发展起到了重要作用。老挝每年的纺织服装出口额超过 100 万美元。老挝的纺织服装产品主要通过国内 8 个省份的国境检查站进行出口。这些省份中，万象直辖市是纺织服装产品出口的主要门户。表 4 - 6 清楚展示了老挝各省份 2013—2017 年的纺织服装出口额。按出口统计数据计算，这五年的纺织服装总出口额为 9.4037 亿美元。其中，万象直辖市的出口额最高（9.1315 亿美元），然后依次为沙湾拿吉（1529 万美元）、博利坎赛（1154 万美元）。

老挝也向其他澜湄国家出口纺织服装产品，但出口额不到 1000 万美元。老挝纺织服装产品的主要出口市场是欧洲国家和日本。表 4 - 7 展示了 2013—2017 年老挝出口至其他澜湄国家的纺织服装产品价值，合计 567 万美元（2017 年的出口数据无法获取）。在澜湄合作框架下，泰国是老挝纺织服装产品的主要出口市场（335 万

美元），然后是中国（177 万美元）。同一时期，老挝向其他三个澜
湄国家（即越南、缅甸、柬埔寨）出口的纺织服装产品很少，合计
不到 100 万美元。

表 4-6　　　　　　　**老挝纺织服装出口额（按省份划分）**

（2013—2017 年）　　　　　　　单位：百万美元

省份	2013 年	2014 年	2015 年	2016 年	2017 年	合计
万象直辖市	203.73	207.36	177.90	150.21	173.94	913.15
沙湾拿吉	3.35	3.72	2.08	2.57	3.57	15.29
博利坎赛	—	1.19	2.16	3.47	4.72	11.54
甘蒙	—	—	0.14	0.00	0.02	0.16
占巴塞	—	0.03	0.02	0.03	0.06	0.14
琅南塔	—	0.04	—	—	—	0.04
阿速坡	—	0.04	—	—	—	0.04
博利坎赛	—	0.01	—	—	—	0.01
合计	207.08	212.39	182.30	156.28	182.31	940.37

资料来源：工商部进出口管理局（2017）。

表 4-7　　　　　**老挝出口至澜湄国家的纺织服装产品价值**

（2013—2017 年）　　　　　　　单位：百万美元

国家	2013 年	2014 年	2015 年	2016 年	2017 年	合计
泰国	0.88	0.28	1.22	0.97	不适用	3.35
中国	0.49	0.59	0.56	0.13	不适用	1.77
越南	0.002	0.21	0.2	0.02	不适用	0.43
缅甸	0.04	0.05	0.002	0.02	不适用	0.11
柬埔寨	—	0.003	0.005	—	不适用	0.08
合计	1.41	1.13	1.99	1.14	不适用	5.67

资料来源：国际贸易中心（2017）。

（二）老挝纺织服装业吸引外资现状

1. 整体变化

作为老挝的一个工业部门，纺织服装在吸引外商直接投资、创造就业、创造收入方面扮演关键角色。总体来看，老挝某些行业（尤其是工业、手工业、农业和纺织服装业）的经批准项目数量和外商直接投资呈下滑趋势。表 4 - 8 显示，纺织服装业在投资领域中排在第 13 位，纺织服装投资的数量呈下滑趋势。2005—2010年，老挝有 32 个纺织服装投资项目，投资总额为 1800 万美元。2011—2015 年，老挝仅有 5 个纺织服装投资项目，投资总额为 814万美元。按表 4 - 8 的统计数据计算，纺织服装投资项目数量和投资额分别下降了 84.38% 和 55.30%。

表 4 - 8　　　　　　　　　投资数量（按行业划分）

行业	2005—2010 年		2011—2015 年		整体变化	
	项目数量	投资额（百万美元）	项目数量	投资额（百万美元）	项目数量变化率（%）	投资额变化率（%）
发电	14	2048	164	2218.53	1071.43	8.30
采矿	118	2109	30	2123.42	(74.85)	0.67
农业	681	1531	149	935.04	(78.12)	(38.95)
工业、手工业	575	815	92	399.22	(84)	(51.04)
建筑	73	296	20	237.14	(72.60)	(19.76)
酒店、餐厅	297	260	45	146.26	(84.85)	(43.82)
银行	14	122	5	140.48	(64.29)	14.72
服务	394	1599	83	137.37	(78.93)	(91.41)
公共卫生	8	10	3	42.53	(62.50)	335.75
电信	4	45	2	35.62	(50)	(20.45)
贸易	150	97	41	35.18	(72.67)	(63.66)
木材	146	134	9	16.58	(93.84)	(87.60)

续表

行业	2005—2010 年		2011—2015 年		整体变化	
	项目数量	投资额（百万美元）	项目数量	投资额（百万美元）	项目数量变化率（%）	投资额变化率（%）
纺织服装	32	18	5	8.14	(84.38)	(55.30)
咨询	101	36	17	5.30	(83.17)	(85.36)
教育	54	11	3	1.12	(94.44)	(90.08)
合计	2661	9131	668	6481.93	—	—

资料来源：规划和投资部（2018）。

2. 地区分布

老挝是一个多山的内陆国家，基础设施非常差。全国约有70%的土地被丘陵覆盖，交通运输非常困难且成本很高。因此，外商直接投资多流向海拔较低的地区和万象直辖市等较大的城市。表4-9展示了老挝各省的纺织服装厂数量。2018年的统计数据表明，老挝大多数纺织服装厂位于万象直辖市，当地纺织服装厂占全国纺织服装厂总数的94.87%。老挝约有50%的纺织服装厂仅面向出口市场。其他纺织服装厂则同时面向国内市场和海外市场。

表4-9 **纺织服装厂数量（按省份划分）**

省份	工厂数量	占全国工厂总数的比例（%）	工厂类型（家）	
			出口导向	国内市场 + 出口导向
万象直辖市	74	94.87	49	25
万象	1	1.28	0	1
沙湾拿吉	2	2.56	1	1
占巴塞	1	1.28	0	1
合计	78	100	50	28

资料来源：老挝服装业协会（2018）。

(三) 老挝纺织服装业对澜湄合作的参与情况

1. 投资

澜湄合作成员国的投资对老挝经济起到了重要的推动作用。澜湄国家的投资者主要投资发电、采矿、农业、工业、手工业、建筑等行业。表4-10统计了澜湄国家（包括中国、越南、泰国、柬埔寨）获得投资许可的投资者对老挝的投资状况。2005—2010年共有1119个项目获得批准，总投资额为72.33亿美元。2011—2015年，批准项目数量降至370个，总投资额降至47.08亿美元。

表4-10 来自澜湄国家的外商直接投资额（2005—2015年）

国家	2005—2010年		2011—2015年	
	项目数量	投资额（百万美元）	项目数量	投资额（百万美元）
中国	509	2803	185	2537
越南	272	2289	88	1132
泰国	334	2135	95	1039
柬埔寨	4	7	2	0
缅甸	不适用	不适用	不适用	不适用
合计	1119	7233	370	4708

资料来源：规划和投资部（2018）。

中国是老挝最大的投资国。2005—2010年，中国在老挝投资了509个项目，总投资额为28.03亿美元。排在后面的依次为越南、泰国、柬埔寨。缅甸是唯一没有在老挝任何行业进行投资的澜湄国家。

2. 贸易

通过签署多边或双边贸易协议，老挝已和全球许多国家建立贸易合作关系。与老挝合作力度最大的是其邻国，例如其他澜湄国家。表 4-11、表 4-12 展示了老挝与其邻国的贸易伙伴之间的双向（进出口）贸易状况。表 4-11 显示，2013—2017 年老挝从澜湄国家进口的产品总值为 197. 2004 亿美元，其中泰国所占份额最大（136. 3831 亿美元），然后依次为中国（37. 5276 亿美元）和越南（23. 2508 亿美元）。老挝很少从柬埔寨、缅甸进口产品，两国所占份额分别仅为 336 万美元和 53 万美元。

表 4-11 　　　　　　　　**老挝从澜湄国家进口的产品总值**

（2013—2017 年）　　　　单位：百万美元

国家	2013 年	2014 年	2015 年	2016 年	2017 年	合计
泰国	2441. 98	3280. 83	2362. 07	2598. 96	2954. 47	13638. 31
中国	580. 93	798. 35	786. 66	769. 75	817. 08	3752. 76
越南	307. 89	441. 55	591. 29	432. 30	552. 05	2325. 08
柬埔寨	0. 64	0. 11	1. 10	0. 92	0. 58	3. 36
缅甸	—	0. 43	0. 02	0. 01	0. 08	0. 53
合计	3331. 44	4521. 28	3741. 14	3801. 93	4324. 25	19720. 04

资料来源：工商部进出口管理局（2017）。

表 4-11 展示的是老挝从澜湄国家进口的产品总值。澜湄国家也是老挝出口产品的重要市场。表 4-12 显示，老挝 2013—2017 年向澜湄国家出口的产品总值为 165. 7578 亿美元，其中泰国所占份额最大（92. 9399 亿美元），然后依次为中国（44. 8067 亿美元）和越南（27. 3353 亿美元）。柬埔寨和缅甸也是老挝的重要贸易伙伴。老挝向两国出口的产品总值分别为 6526 万美元和 233 万美元。

表4-12　老挝向澜湄国家出口的产品总值（2013—2017年）

单位：百万美元

国家	2013年	2014年	2015年	2016年	2017年	合计
泰国	1621.59	1649.35	1643.31	2038.68	2341.06	9293.99
中国	372.50	672.73	1068.24	1133.75	1233.45	4480.67
越南	443.53	440.56	557.29	568.64	723.51	2733.53
柬埔寨	3.15	6.38	23.60	16.89	15.23	65.26
缅甸	0.49	0.61	0.29	0.71	0.24	2.33
合计	2441.26	2769.63	3292.73	3758.67	4313.49	16575.78

资料来源：工商部进出口管理局（2017）。

第三节　老挝纺织服装业参与澜湄合作存在的优劣势

（一）老挝的要素禀赋

1986年，老挝政府决定将本国的计划经济转变为市场经济，并于同年启动"新经济机制"。之后，老挝经济开始逐渐繁荣，民众的生活水平也有大幅提升。老挝经济当时推行的新政策包括放弃对贸易价格的控制、实行投资自由化（Fane，2006）。除水电、采矿和电子设备之外，纺织服装业也为老挝经济做出了长期、稳定的贡献。老挝纺织服装业起步相对较晚，但拥有良好的吸引外资能力。凭借这一能力，服装出口在扶贫、创造就业、经济发展相关政策的落实等方面起到了重要的推动作用。1990年，老挝仅有2家纺织服装厂。这一数字2003年增至98家，2012年增至100多家，其中54家是以出口为导向的企业（Nolintha和Jajri，2015）。2004年，老挝纺织服装出口总值为1亿美元，纺织服装业从业人数达3万人。《多种纤维协定》提供的配额和良好的投资条件（包括相对较低的劳动力成本）是这种现象级增长的推动因素。

但是，《多种纤维协定》的终止给老挝纺织服装出口带来了直接的负面影响。之前开展的一项研究表明，随着《多种纤维协定》的终止，老挝许多纺织服装公司被迫关闭，原因是老挝大多数纺织服装公司是根据自身生产能力从外国企业（买家）接受订单的制造型企业。为了在新环境下生存，纺织服装企业需要实现从面向制造向面向市场的转型（Boutsivongsakd、Pisith、Keith，2003）。此外，日本国际协力机构研究发现，《多种纤维协定》终止之后，老挝纺织服装业不再有能力对抗泰国、越南、中国等国家的实力雄厚的竞争者。纺织服装业面临的问题与其他制造行业面临的问题相似，包括国内市场规模小、缺乏原材料或原材料不足（原材料多从外国进口）、中间产品和优质产品产能不足、缺乏熟练劳动力、工人工资（相比生产率）偏高、运输成本过高等（日本国际协力机构，1998）。但是，老挝纺织服装业仍保持稳定增长。该行业目前提供2.8万—3万个岗位，其中多数位于万象直辖市和沙湾拿吉省。2017年，该行业的出口额超过1.15亿美元。纺织服装业2017年的劳动力人数和出口额与2004年类似（万象时报，2017b）。老挝纺织服装业的发展与其他产业的发展密切相关。老挝超过一半的纺织服装厂归外国投资者所有。意大利、法国、英国、美国等发达国家被视为老挝纺织服装产品的主要出口目的地。老挝大多数纺织服装企业属于中小型企业，开展转包业务，从事CMT等简单作业（老挝服装业协会，2018）。

本节下一部分将叙述老挝纺织业作为澜湄合作参与者的优势和劣势。该部分将采用SWOT矩阵（见表4-13）分析当前的优势、劣势、机会和威胁，利用分析结果结合SO（主动策略：依靠优势，利用机会）、WO（解决策略：利用机会，弥补劣势）、ST（预防策略：利用优势，避开威胁）、WT（追溯策略：尽量减少劣势，避开威胁）制定针对纺织服装业的政策建议（Weihrich，1982）。

表 4 – 13 老挝服装业 SWOT 矩阵

	优势（S） 位于大湄公河次区域的中心 相对廉价的劳动力 市场门槛低 与中国建立了贸易和政治关系 税收激励	劣势（W） 基础设施差 运输、金融、物流成本相对较高 商业活动复杂 劳动力和熟练劳动力不足 普通家庭购买力低 经商和创业门槛高
机会（O） 与北美和欧盟签署自由贸易协定 中小企业和私人企业蓬勃发展 与中国、柬埔寨、越南、缅甸建立联系 出口产品享受普惠制待遇 手工纺织品生产商占主导地位	SO 策略（主动） 强化交通系统，使其适应不断成长的经济；修建通往邻国的道路 针对纺织服装等高附加值产品创造良好的投资环境 重点关注出口至北美和欧盟的服装类补充产品和利基产品 继续对投资者开展规章制度教育	WO 策略（解决） 建立、改善本国的水、电、公路、远程通信和交通基础设施 推动劳动力能力建设，重点关注职业教育 为服装出口创造有利条件
威胁（T） "老挝制造"产品没有市场 与邻国竞争激烈 外商直接投资呈下降趋势 政府低效、腐败 商业和经济缺乏多元化	ST 策略（预防） 利用中国或其他国家转让的技术改善廉价产品的质量 推动服装业的外商直接投资	WT 策略（追溯） 提供、发布大量关于创业程序的信息 减少与高附加值产品有关的文件程序

（二）比较优势分析

1. 整体优势

老挝位于澜湄地区的核心，拥有区位优势。老挝是相对较富裕的邻国——中国与东盟其他国家之间的桥梁，可为地区内的贸易投资提供便利。社会安宁、政治稳定有助于良好经济局面的形成，并推动老挝 GDP 和外商直接投资呈现强劲增长的趋势。相比东盟其他国家，老挝人口相对较少，但劳动力成本极低，电价也颇具竞争力。值得一提的是，老挝为外国投资者设置的进入门槛很低，甚至没有门槛。修订后的商业法非常鼓励投资活动，尤其是在经济特区开展的投资活动。

老挝政府近年来在外汇税收、投资和进出口程序方面推行了多项改革。与澜湄地区其他国家不同的是，老挝允许外国投资者完全拥有其在老挝设立的企业。老挝向外国投资者征收的公司税税率与东盟其他国家相当，而向外国投资者提供的公司税减免期间则长于大多数东盟国家提供的公司税减免期间。2009 年以来，老挝对若干项与投资有关的法律（如企业法、商业银行法、投资法）进行了完善，目的是让本国环境"对投资者更加友好"。老挝的财政体系被认为是澜湄地区最自由的财政体系。外资企业只需要根据其在老挝取得的收入缴纳税款，而双重征税协定则要求老挝本国企业根据其在全球范围内取得的收入缴纳税款。老挝的财政体系最重要的特征是国内外企业（在老挝股票交易所登记的企业除外）的利润均适用 24% 的单一税率。在老挝股票交易所登记的企业自登记之日起 4 年内享受 5% 的税率减免（毕马威，2016）。

截至 2017 年年底，老挝政府已设立 12 个经济特区。相比其他地区，在这些经济特区投资的企业有资格享受更优惠的投资激励措施。进出口法规为这些经济特区的投资者获得投资批准、建立加工厂提供便利。此外，经济特区还提供税项减免和水电、劳动力等特殊资源，且物流条件更佳（东盟简报，2015）。

今后，老挝将为投资者提供大量的机会。该国的纺织服装工艺创造了一个利基市场投资空间。老挝纺织服装业最容易被感知的利基产品包括丝绸、手工纺织品、纺织服装相关附件、纪念品和有机棉产品。所有这些产品都具有很高的附加值。老挝的工业生产基地数量有限，缺乏熟练劳动力、合格工程师和技术人员。因此，老挝本国企业在特定领域无法与国际企业竞争。例如，老挝对大型（员工人数达 5000 人）纺织服装或运动鞋制造商而言缺乏吸引力，其生产的纺织品或纺织服装产品无法对外国制造商生产的同类产品构成挑战。此外，老挝国内市场规模相对较小，作为出口市场具有高度竞争性，且在国际市场购买老挝产品的渠道很有限。外国企业既缺乏从老挝购买大量纺织服装或工业产品的动力，也缺乏为老挝提供产品的动力。但是，老挝向美国和欧盟市场出口的产品享受普惠制待遇。这直接提升了老挝外资企业的竞争力，被视为该国纺织服装业的最大优势（欧盟委员会，2017）。

2. 交通优势

随着地区整合的推进，交通和物流自然而然地成为非常热门的产业。老挝总理通伦·西苏里强调称，陆路交通是该国交通发展的重点。他还宣布"鉴于我国特殊的地理位置，我们必须把陆路交通作为交通和旅游业的核心"。老挝位于大湄公河次区域的核心。因此，该国交通系统的改善将直接提升经济作物、纺织品等产品的出口数量和出口额（万象时报，2017c）。

基础设施的发展将推动老挝从"陆锁国"转型成为"陆联国"。此外，基础设施的发展有望为老挝连接邻国海港和澜湄地区其他公路铁路网提供渠道。在亚洲开发银行、世界银行和其他捐赠机构的协助下，老挝政府正在强化本国的公路维护系统，提升全国境内公路的连通性（亚洲开发银行，2010）。老挝预计将在通信、能源、交通和邻国贸易方面成为地区连接枢纽。目前，老挝处在沿中国、越南、泰国形成的各种轴线和走廊的十字路口。

众所周知，中老高铁开通之后，中国正通过互惠投资活动迅速扩大自身在东南亚地区的影响力。中老高铁的好处在于能推动老挝成为中国经济链（如中泰经济走廊、昆明经济特区）的一部分。从中国的角度来看，这条高铁将成为其进入东南亚各国的门户。此外，这条高铁也被视为中国万亿美元级别的"一带一路"倡议下一项重要机制。因此，中老高铁将成为东南亚和中国之间一条不可或缺的桥梁（新华社，2017）。

（三）劣势

老挝也存在一些劣势。第一项劣势与交通密切相关。老挝现有的基础设施不够完善。该国没有铁路系统，但中老高铁正处于建设阶段，按计划将于2021年年底完工（老挝新闻社，2018）。老挝运输成本较高还有其他一些原因，例如路况不佳（导致运输里程超过必要水平）、油价过高、替代能源使用率低（老挝大多数货车使用柴油，而其他东盟国家大多数货车使用液化石油气和天然气）。多年来，老挝一直面临劳动力短缺的问题。当前的劳动人口无法满足建筑行业和其他行业的需求。老挝现有的轻工制造业散布在国内几个大省周围。此外，有限的资金和国内市场规模限制了中小企业的成长。从投资者角度来说，大多数国内外投资者发现，尽管老挝政府近年来推行旨在提升企业登记便利性的"一站式服务"，但在老挝经商仍然是一件很复杂的事（投资促进局，2018）。

尽管GDP快速增长且已经出现中产阶级，但老挝人均GDP和购买力仍然处于很低的水平。因此，纺织服装业的投资者必须更多依赖出口，而不是国内市场。世界银行统计显示，相比柬埔寨、中国、泰国、越南等邻国，老挝的营商环境评分较低（见表4-14）。在经商便利指数上，老挝排全球第141位，高于缅甸但低于柬埔寨（第131位）。也就是说，在老挝经商比在柬埔寨经商更困难。但是，柬埔寨的创业便利指数排名低于老挝（2017a）。

表4-14   **老挝和部分邻国的经商、创业便利指数**

	老挝	柬埔寨	中国	缅甸	泰国	越南
经商便利指数	141	131	78	170	46	82
创业便利指数	160	180	127	146	78	121

资料来源：世界银行（2017a）。

过度依赖自然资源造成了一种潜在威胁，导致大多数投资流向水电和采矿业。这些投资可能间接导致老挝政府忽视轻工业、农业、纺织服装等其他行业。老挝拥有丰富的能源和矿产资源，但它们并不是用之不竭的。老挝政府应鼓励投资者对其他产业进行投资，以实现可持续发展。否则，在水电和采矿业达到饱和之后，外商直接投资可能出现下滑。

1. 劳动力

如上所述，劳动力短缺和劳动生产率低下是老挝国内外企业担心的两个问题。为满足国内外企业的需求，社会福利部已经设立了15家就业机构。但是，劳动力短缺仍被认为是现有投资者和近期在老挝设立企业的投资者面临的一项主要挑战。纺织服装、钢条生产、家具制造和建筑行业的劳动力缺口约为3.1万人（Maierbrugger，2013）。尤其值得注意的一点是，由于面临"招工难"的问题，老挝纺织服装业近年来已经无法吸引到新的投资者。纺织服装业的专职从业人员需求为3.5万—4万人，但老挝纺织服装业目前的从业总人数仅为2.8万—3万人（万象时报，2017b）。此外，老挝劳动生产率水平低下。这一点可以细分为三个问题：缺乏熟练劳动力、缺勤率高、工人离职率高（Sakurai和Ogawa，2006）。

2. 物流和交通

物流成本高也是老挝国内外企业面临的一大障碍。老挝的物流成本是其他东盟国家的两倍。例如，从沙湾拿吉省的一个主要城市到万象直辖市的平均运输成本为2.50美元/公里，而在泰国，从孔敬到曼谷的平均运输成本仅为1.10美元/公里（万象时报，2017a）。出口方面，从万象到横滨的运输成本为2500美元，由两部分组成：从万象到曼谷的运输成本（1700美元），从曼谷到横滨的运输成本（800美元）。这一水平高于亚洲其他主要城市（见图4-8）。

之前开展的一项研究发现，万象和泰国两个港口之间的运输成本过高推高了跨境成本和单侧装货成本。跨境成本占总成本的比例最高（39.7%）。因此，老挝政府应努力降低通关费用和空箱费。

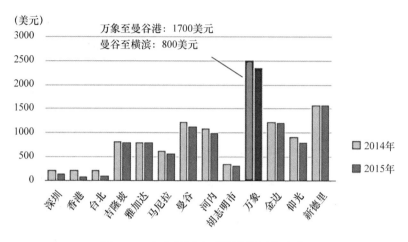

图4-8　各主要城市到横滨的运输成本

资料来源：老挝的物流成本（Ishida，2016）。

老挝的国内运输成本中，单侧装货成本约为泰国的2.2倍，双侧装货成本约为泰国的1.4倍（Ishida，2016）。

3. 政策限制

东盟经济共同体在老挝和其邻国之间组织了规模浩大的经济活动。但是，非关税壁垒仍然令人感到担忧。非关税壁垒某些时候被认为具有歧视性，因为它将贸易活动推向了东盟某些最发达的经济体。老挝的经济发展尚处于初级阶段。该国目前无法满足进口需求，且海关和所有制法规存在低效的问题。

非关税壁垒是利用配额、制裁措施、禁令和高昂的费用代替关税而形成的一种贸易限制形式（Menon，2017）。此外，国际标准认证费用也是老挝中小企业面临的一项难题。例如，相对大部分企业的预算而言，ISO认证费用非常高。这是中小企业面临的一个主要障碍（Thepphavong，2017）。"过境速度缓慢"也是大多数企业面临的一个严峻挑战。这种不正常现象可以解释为什么泰国的大货车能向老挝运送货物，而老挝的货车无法进入泰国领土。老挝的货物要先转移到泰国货车上，然后才能在泰国领土内通行（泰国国家报，2017）。最后，融资渠道有限也是老挝中小企业面临的一项重要问题。它对中小企业的成立、扩张和存续构成了重大限制。商业银行大量的文件要求和关于抵押品的规定对融资渠道造成了限制。据报道，老挝有能力获得长期贷款的中小企业占全国中小企业总数的比例不到20%。这限制了老挝中小企业的成长能力，即与同地区其他中小企业竞争的能力（世界银行，2017b）。

第四节　政策建议

（一）纺织服装业劳动力

值得注意的是，老挝许多存在比较劣势的产品（例如纺织服装产品和纺织产品）享受特殊优惠。近年来，由于最低工资水平持续上升，纺织服装业的比较劣势已经有所降低。劳动和社会福利部的数据显示，老挝的月最低工资已从2011年的348000基普（43.5美元）增至2018年的1100000基普（137.5美元）（劳动和社会福利部，2018b）。与同地区其他国家相比，制造业可用的劳动力人数相对较低。这相应降低了纺织服装业的劳动力人数。劳动生产率低下是纺织服装业面临的另一项重大问题。之前的一项研究证实，老挝的劳动力成本很低，但该国的劳动生产率低于马来西亚、菲律宾、泰国、巴基斯坦、印度尼西亚、印度等国（Sakurai和Ogawa，2006）。因此，老挝政府应将熟练劳动力培训作为其工业战略的重点，促使劳动生产率与工资同步增长。

（二）技术支持

如上所述，劳动技能不足是老挝纺织服装业面临的一项突出问题。这一问题导致老挝纺织服装工人生产率低下，无法匹配近年来日益上涨的工资水平。工人技能水平低下影响了整个行业相对同地区其他国家的竞争力。因此，老挝必须投资开展企业内部培训，建立职业培训机构，推动技能培训和发展。如果政府采取激励措施，例如在某一时期实施免税，定期为开展培训、提升工人技能的企业提供免税期（以补偿培训相关费用），企业主可以在推动纺织服装工人技能发展方面发挥更重要的作用。此外，强烈建议老挝政府组织实施与库存管理、商务谈判技能、商业规划、营销策略有关的技术培训计划，组织更多培训活动，以改善本国手工纺织服装生产商的经营方式。

（三）基础设施

老挝纺织服装业大多数企业以出口为导向，部分企业同时向出口市场和国内市场供货。因此，老挝需针对纺织服装业完善进口基础设施，以鼓励国内纺织服装制造活动的开展。基础设施不足导致交易成本增加。纺织服装业需要提升出口产品的竞争力并控制成本。为此，该行业应制定"出口贸易基础设施方案"。与"最后一英里"、实验室、认证中心相似，该方案是实现现代化的一个重要步骤。基础设施发展不仅将促进国内纺织服装市场的发展，还将降低物流成本，使出口渠道更加便利。

（四）机制设计

老挝大多数纺织服装企业都在老挝纺织服装业协会进行了登记。该协会是东盟纺织业联盟（AFTEX）的正式成员。东盟成员国的一些纺织服装协会和纺织协会近期成立了东盟供应商完全服务联盟（SAFSA），目的是将东盟的服装厂联合起来，建立并强化买方、纺织厂和服装厂之间的虚拟供应链，为东盟地区纺织服装相关企业向国际市场提供整套服务创造条件（东盟官方网站，2018）。

老挝纺织服装厂的供应商中有一大部分来自中国、泰国、越南等澜湄国家。成立澜湄委员会和合作网络可有力推动老挝纺织服装产品出口到世界各地。凭借纺织服装业的比较优势，这一举措预计还能强化澜湄地区的供应链，让澜湄国家可以只关注自身专门从事的活动。此外，澜湄委员会还可推动成衣和纺织品市场朝着有利于成员国贸易和市场利益的方向发展。由于中国、泰国是澜湄地区的纺织服装强国，澜湄委员会将有能力推动技术和专业知识的交流和传播，并推动咨询服务的发展。

（五）建议：具有可行性的项目

以上各节阐述的研究结果涉及老挝纺织服装业和"澜湄合作发展"计划背景下的价值链。这些结果展示了纺织服装这一老挝重要产业（在非熟练劳动力就业和创收方面起到重要作用）的全貌。同时，以上各节提出了劳动力短缺、劳动力技能/生产率水平低下、运输成本较高等问题。政府机关的议程应将解决前述问题、推动纺织服装业发展壮大作为一个重要组成部分。此外，与国际组织和发展伙伴的合作对于处理前述问题也很重要。针对此次研究发现的问题，这里将提出一些具有可行性的项目。这些项目需要老挝政府、相关国际机构和发展伙伴的支持。

在中国政府"澜湄合作发展"计划的支持下开展试点项目，改善琅勃拉邦、沙湾拿吉和占巴塞省（分别代表老挝北部、中部和南部）的设施，提高这些省份职业学校的办学质量。该项目将有力推动老挝今后熟练劳动力的增加。

纺织服装业的劳动力短缺问题可能是由工厂工作环境恶劣导致的。老挝纺织服装厂工人大部分是女性。在万象直辖市和沙湾拿吉省开展改善纺织服装厂和纺织厂工作环境的试点项目可能是解决这一问题的最佳方法。该试点项目的主要活动包括相关政府机构开展监督并采取激励措施，以鼓励企业改善工作环境。

"澜湄合作发展"计划下应实施涵盖所有成员国的地区交通和物流合作项目。该项目将成为推动"澜湄合作发展"计划成员国在交通和物流领域有效开展合作的平台，有助于降低这些国家（尤其是老挝这样的内陆国）的交通成本。

第五章　缅甸

Tin Tin Wai

第一节　缅甸的纺织服装业和价值链发展

（一）缅甸纺织服装业发展状况综述

缅甸纺织业有几千年的悠久历史。缅甸遗存的古代壁画和写在棕榈叶上的文学作品证明，在蒲甘、因瓦和阿马拉布拉时代，缅甸的编织业非常繁荣。从古代佛塔的壁画、年代久远的木刻和雕塑上可以看出，传统织机织出的衣服质量非常好。传统织机是用手操作的，但可以织出各种亮丽的织物和布料。传统织机在家族内部代代流传。当前，随着全球（包括缅甸）人口的增加，纺织品市场规模越来越大。缅甸政府正尽全力保存和宣传缅甸的传统纺织品，振兴本国织布厂。为此，政府在缅甸独立之后成立了合作社部。此外，缅甸政府持续经营大型纺织厂并设立新厂。缅甸本国有能力生产棉纱（其中一部分由私人企业生产），只有部分棉纱依赖进口。但是，原材料短缺限制了缅甸私人企业的发展。1988 年之后，缅甸开始实行市场经济政策，为外国投资者敞开了进入缅甸的渠道。经此渠道进入缅甸的外国投资者在纺织业扮演重要角色。他们通过投入大量资金建立服装厂，生产服装、衬衫和优质出口产品，并以合理价格在缅甸市场出售。他们从国外带入原材料，因此不存在原材料短缺的问题。

缅甸纺织业是缅甸工业部下属六个国有行业之一，主要从事公共部门各类纺织品的生产。该行业目前有 28 家工厂，其中包括纺纱厂、编织整理厂、纺织厂、服装厂、针织厂、毛毯厂、毛巾厂、缝纫线厂、棉絮和绷带厂。该行业的主要产品包括棉纱、涤纶纱、机织布、漂白/染色/印花织布、漂白/染色纱线、男士腰布、尼龙花边、棉质蚊帐、背心、运动衫、袜子、成衣、地毯、毛巾、窗帘、床单布、缝纫线、脱脂棉、绷带、纱布、袈裟等。国产纺织品和服装作为民族服饰和文化服饰,在缅甸市场越来越受欢迎。

全球纺织业总是随着市场和趋势的变化而变化。缅甸经济转型为开放式市场经济是该国纺织服装业的主要转折点。这一点在服装领域表现得尤为明显,因为外国投资者的参与是服装业进入外国市场的必要前提。缅甸以出口为导向的服装业发轫于20世纪90年代初,出口额在2001年达到历史最高水平。韩国的投资和对美国、欧盟的出口是这一进程的主要推动力量。缅甸90%的服装出口以美国和欧盟为目的地。虽然1997年取消了对缅甸的普惠制待遇,但欧盟市场一直对缅甸服装企业敞开怀抱。2003年之前,缅甸纺织服装业估计约为400家工厂,雇员30万人,出口额约为8.68亿美元。由于西方国家的市场取消对缅甸的普惠制待遇,服装企业转而向亚洲市场出口产品。马来西亚服装制造商协会数据显示,韩国和日本在缅甸的服装出口中持续占据统治地位,占缅甸服装出口订单的70%。

但是,美国2003年决定对从缅甸进口的所有产品实施制裁,导致缅甸纺织服装业的增速出现下滑。一些工厂在制裁期间被迫关闭,进而推高了失业率。这在纺织品进出口领域表现得尤为明显。

过去几年,缅甸经济的高速发展为东南亚纺织制造业注入了强劲动力。随着缅甸政治和经济形势的变化,在美国于2013年放宽制裁之后,缅甸在纺织服装业发挥的作用越来越大,引发全球投资者的关注。与此同时,2011—2012年,缅甸国内也实施了一些重大变革。缅甸政府制定实施了本国首部《劳动组织法》;缅甸服装制造商协会等机构在保护工人、确保工厂合规方面发挥了更大作用;为确保工人享受权利、履行义务,缅甸政府陆续发布了《社会保障法》《劳资纠纷解决法》和《最低工资法》。这些举措提高了外国大型企业对缅甸制造业的兴趣。此外，由于普惠制待遇的恢复，缅甸 2013 年在服装出口领域赚取的利润超过 11 亿美元。2016年，这一数字增至约 16 亿美元。2017 年年初，缅甸纺织服装企业数量达到 420 家。

欧盟是缅甸增长最快的出口市场，然后依次为日本和韩国。2014 年中，盖璞（GAP Inc.）成为美国放宽制裁之后首个在缅甸投资生产纺织品的美国企业。该公司在缅甸的产量在一年之内翻了三倍。

2015 年 3 月，缅甸政府制定了国家出口战略。该战略包含一项提升出口量的五年计划。作为缅甸七大重点行业之一，纺织服装业直接从该战略中受益。

随着新《金融法》投入实施、美国取消持续 20 多年的经济贸易制裁，缅甸纺织服装产品出口额顺利突破 10 亿美元。

此外，作为世贸组织的最惠国，出口国为缅甸提供了低关税税率。这增加了缅甸的外国投资和出口。目前，缅甸是美国和欧洲重要的服装供应商。西方国家某些著名的品牌已经使用"缅甸制造"的标签。

缅甸在纺织服装业的竞争优势来源于廉价的劳动力。但是，这种竞争优势可能被电力短缺、高昂的运输成本和通信成本、融资服务限制、缺乏熟练劳动力等劣势抵消。此外，过去两年，服装工人的月工资已增至 72—85 美元。通过具有竞争力的报价增加订单、提高产品质量、确保及时交货是缅甸服装业在与同地区竞争者（如越南、柬埔寨、中国，尤其是越南）竞争时面临的实际挑战。

为参与全球市场的竞争，缅甸还必须应对其他若干项挑战，其中包括漫长的物流/运输时间。它是导致缅甸纺织服装业备货时间过长的重要原因。在出口/国际贸易中，缅甸商品往/返韩国需要 12天的时间，而柬埔寨商品和越南商品往/返韩国分别只需要 8 天和 9天。缅甸商品往/返欧洲的时间也较长，因为必须通过新加坡进行中转。此外，不够完善的银行金融系统和过于严格的贸易程序导致缅甸商品的交易成本居高不下。

（二）纺织服装业价值链

亚洲发展中国家的纺织服装业在推动经济增长、创造就业方面起到了关键作用。这些国家的纺织服装业拥有超过4000万名工人，出口额达到6010亿美元。缅甸近年来施行政治改革，被全球服装零售商视为亚洲发展中国家低端纺织服装价值链上的下一个潜在生产基地。因此，缅甸的纺织服装业正处于上升阶段，外商直接投资和全球服装买家的资金不断涌入。

纺织服装业是缅甸最具活力的出口行业之一，被公认为制造业未来成长的驱动器，并被缅甸工业部列入近期十大重点行业。

服装是缅甸唯一加入地区和全球生产分销网络的制造部门。美国2013年取消制裁之后，服装业经历了一次新的复苏，并呈现指数级的增长。目前，它是缅甸唯一参与全球价值链的制造部门。

缅甸几乎所有以出口为导向的服装制造商都从事CMP作业。CMP指"剪裁、制作和后整理"，即所谓的"收费加工服务"。根据CMP方案，缅甸服装厂在进口原材料时无须缴纳进口关税。一般情况下，向缅甸订购服装生产服务的外国买家从/向缅甸市场进口/出口成衣，然后向缅甸工厂支付CMP费用。这些买家会为缅甸工厂安排好所有必要的原材料。服装生产所需的几乎所有原材料（包括面料、线、拉链、衣架在内）均由外国供应。缅甸服装厂利用这些原材料加工和制作成衣，通过出口将成衣返回给外国买家。它们在本国只能采购纸箱和塑料袋，且只能向外国买家收取CMP费用。

服装业的发展重点是将其价值链从CMP拓展至FOB（全经销），以创造更多的附加值。为此，该行业的战略应以确保行业符合国家质量标准、打造更便利的融资渠道、保护工人、建立产业集群为焦点。此外，出于对CMP的重视（缅甸服装业90%的企业从事CMP），缅甸目前正致力于将其生产系统从委约生产升级为代加工（OEM）和贴牌生产（ODM）（见图5-1）。

设计款式	购买面料和附件	CMP		后整理	发运
		剪裁	制作		
FOB					

图 5-1 纺织业价值链

从所有制角度来看，国有企业、军工企业与韩国、中国香港企业组建的若干合资公司是缅甸纺织服装业成长的后盾。2000 年，缅甸纺织服装业拥有 300—400 家工厂，约 30 万名工人，出口额为 6 亿美元。服装占当年缅甸总出口额的 30%—40%。缅甸的服装出口到全球各地，其中美国占 54%，欧盟占 37%。尽管外商直接投资有所增加，但国内企业仍是缅甸服装业的主导力量。国内企业的服装产量占全国总产量的 90% 左右。美国和欧盟自 2001 年起采取的制裁措施导致缅甸出口大幅下滑。2003 年引入 10% 的出口税、缅甸政府收紧法规等其他因素也是缅甸服装业衰退的原因。孟加拉国、中国企业引发的激烈竞争和融资困难导致缅甸服装厂数量降至 130 家。这些服装厂主要向日本、韩国和中国台湾买家供货。当时，日本是缅甸服装厂最大的单一市场。

缅甸服装出口总额已从 2010 年的 3.4 亿美元增至 2016 年的 16 亿美元，占缅甸 GDP 的 0.01% 左右（缅甸 2016 年的 GDP 约为 830 亿美元）。2015 年，服装出口占缅甸出口收入的 10%。欧盟各国是缅甸服装产品的主要市场。2016 年的数据显示，缅甸对欧盟的服装产品出口额预计为 9.5 亿美元，占缅甸服装总出口额的 45%。排在后面的依次为日本（31%）、韩国（16%）。

目前，缅甸有 314 家服装企业，其中 114 家分布在各邦，200 家分布在各省（见表 5-1）。

表 5 - 1　　　　　　　缅甸服装厂在各邦和各省的分布

序号	邦	企业数量	省	企业数量
1	克钦	10	仰光	40
2	克耶	10	曼德勒	78
3	克伦	15	实皆	57
4	钦邦	29	马圭	5
5	孟邦	12	勃固	15
6	若开	20	伊洛瓦底	3
7	掸邦	18	德林达依	2
合计		114		200

资料来源：缅甸服装制造商协会。

第二节　缅甸纺织业对全球价值链的参与

在全球化背景下，纺织服装业呈现分散趋势。全球价值链中，发展中国家受发达国家的先进企业支配。缅甸服装厂与出口部门在运营方面似乎是相互独立的。缅甸服装企业确实拥有一定的设计和营销能力，但缺乏作为全球 CMP 中心所需的其他能力。国际先进企业/买家和跨国代理人/协调机构才是缅甸纺织服装出口价值链的关键参与者。缅甸制造商和国际买家之间的关系通常由跨国代理人（多为亚洲公司）掌控。只有极少数国际买家通过零售商的总部采购团队与服装厂直接联络。缅甸制造商和原材料供应商之间的关系也经常由跨国代理人掌控。

（一）缅甸服装贸易

1. 服装产品进口

缅甸进口的主要纺织产品包括：棉布、人造织物和混合纤维、机织物和特种机织物及服装和花边面料。其中，人造织物和混合纤维比重最大。此类产品的进口额自 2003 年开始大幅缩水，2014 年起因美国放宽制裁又有所回升。缅甸纺织服装业的大多数原材料来自中国和泰国。2015 年，韩国（31%）、中国（25%）、泰国（22%）是缅甸进口纺织产品的主要合作伙伴，面料/纱线（23%）、棉布（15%）和化学纤维长丝（15%）是缅甸进口的主要纺织产品。目前缅甸生产服装所需的原材料仍依赖进口，因为本国的原材料质量低于国际标准（见表 5-2）。

表 5-2　　　　　　　　　　纺织产品进口　　　　　　单位：百万美元

年份	棉布	人造织物和混合纤维	机织物和特种机织物	服装和花边面料	总进口额
2000—2001	17.69	239.33	116.87	14.21	2320.69
2001—2002	11.78	232.57	68.24	11.78	2734.49
2002—2003	9.43	246.16	75.96	8.32	2297.20
2003—2004	8.94	188.66	42.65	5.09	2235.41
2004—2005	11.61	143.71	25.68	1.19	1979.38
2005—2006	12.84	157.87	24.70	0.60	1982.20
2006—2007	8.87	184.33	28.79	1.25	2926.65
2007—2008	13.08	212.31	24.44	2.33	3346.64
2008—2009	33.81	149.95	29.99	3.80	4563.16
2009—2010	25.86	143.02	37.69	3.41	4186.30
2015—2016	38.6	308.5	32.3	49.8	16577.9
2016—2017	57.2	521.2	108.1	133.9	17211.1

资料来源：缅甸中央统计局经济指标。

2. 服装产品出口

服装是缅甸出口的唯一制成品。1990 年，服装出口占缅甸总出口额的比例为 2.5%。到 2000 年，这一数字已增至 39.5%。也就是说，服装曾是缅甸最主要的出口产品。但是，2010—2016 年，缅甸服装出口总额仅占全国出口收入的 10%。尽管缅甸经济正处于快速增长阶段，但服装业要想赶上与之竞争的其他行业，还有很长的一段路要走（见表 5 - 3）。

表 5 - 3	服装产品出口	单位：百万美元
年份	服装产品出口额	总出口额
2000—2001	582. 79	1960. 86
2001—2002	444. 19	2548. 95
2002—2003	458. 56	3074. 51
2003—2004	327. 87	2355. 83
2004—2005	216. 07	2914. 81
2005—2006	272. 99	3553. 75
2006—2007	278. 63	5222. 93
2007—2008	282. 46	6413. 29
2008—2009	292. 41	6792. 85
2009—2010	282. 97	7568. 62
2010—2011	379. 0	8861. 0
2012—2013	695. 0	8977. 0
2013—2014	883. 0	11204. 0
2014—2015	1022. 0	12524. 0
2015—2016	857. 0	11137. 0
2016—2017	1867. 0	11952. 0

资料来源：缅甸中央统计局经济指标。

在整个 20 世纪 90 年代，美国和欧盟占缅甸服装出口量的 90% 左右。美国曾是缅甸最大的出口市场。2000 年，美国市场吸收了缅甸半数以上的出口服装。欧盟是缅甸第二大出口市场。2000 年，欧盟市场吸收了缅甸约 40% 的出口服装。但是，2003 年，由于美国采取包含贸易禁运在内的制裁措施，缅甸失去了美国市场。从那时起，缅甸服装厂转而开拓亚洲市场，尤其是日本。

普遍观点认为，2000—2005 年前后是缅甸服装业的巅峰。当时，缅甸服装业约有 400 家工厂，雇员人数超过 30 万，出口额达到 6 亿美元。尽管缅甸服装业的增速不比以往，但该行业仍是缅甸唯一有能力与全球和地区生产分销网络接轨的行业。美国 2003 年对缅甸实施的经济制裁中断了该行业的快速增长势头。这一举措导致该行业出口额大幅下跌的趋势一直延续到 2005 年。但是，2006 年起，由于来自日本的订单量增加，服装出口开始回暖。

据缅甸服装制造商协会估计，巅峰时期（即 2000—2001 年前后），缅甸约有 400 家服装厂从事出口服装生产。在那之后，服装厂数量开始下滑，到制裁期间仅剩 130 家。但是，随着美国放宽制裁，服装厂数量到 2017 年又回升到 420 家。服装业是典型的劳动密集型行业，能创造大量工作岗位。美国施行的制裁措施导致服装厂数量减少。2005 年，该行业仅剩 12 万名工人。

过去十年，对日本和韩国市场的服装出口推动缅甸的生产能力大幅提升。这些出口服装非常注重质量，种类主要包括羽绒服和外套、长裤、衬衫（针织或钩编）、工作服、卫衣、汗衫和女式贴身内衣。缅甸只有少数工厂专门生产基本类型的服装产品。面向日韩市场的服装企业则生产附加值更高、设计更复杂、技能要求更高的服装。

缅甸服装工人技能增加似乎与日本买家实施严格的质量控制有关。相比从日本买家接订单的企业，面向欧盟市场的企业通常把注意力放在设计较简单的产品上，对质量控制抓得相对较松。欧盟买家选择缅甸的原因是该国服装生产历史悠久，且从日本和韩国继承了重视质量的传统。以外套为例，为了让工人不断生产出优质的服装，进而更好地满足欧盟高端买家的质量要求，工厂必须对工人进行培训。

2008 年，日本是缅甸最大的服装出口市场，占缅甸服装出口总额的 34%，然后依次为德国（24%）、西班牙（14%）、英国（10%）和韩国（8%）。2010 年，缅甸服装出口额达到 4.9 亿美元。

2015 年，缅甸服装出口前三大合作伙伴为日本（36%）、欧盟（29%）和韩国（25%），主要出口产品为男士外套（79%）和男士长裤（19%）。未来几年，贸易优惠将推动缅甸的贸易量呈现指数级增长。美国预计将进一步放宽制裁措施并向缅甸提供普惠制待遇。2020 年，缅甸服装出口额预计将达到 12 亿美元。

随着针织服装出口的重心从日韩市场转向欧美市场，缅甸服装业正在推动产品升级，并展现出一定的灵活性。生产针织服装需要各类技能、机器和配置。针织相关技能较容易获得，且在一定程度上可用于钩编作业。近年来针织和钩编产品的增加为缅甸发展多项技能带来了新机遇。

日本买家重视质量控制，要求缅甸服装厂延长生产过程。与日本买家相反，欧盟买家希望缅甸服装厂加快生产进度和响应速度，提高供应量。紧迫的备货时间促使缅甸制造企业以提高效率为目的实施工艺升级。

缅甸服装厂的整体生产时间仍为 6—8 周。因此，它们目前无法满足快时尚产品的生产需求。

缅甸糟糕的基础设施也是物流时间较长的一个原因。日韩买家对备货时间的要求不太严格。相比欧美买家，日韩买家离缅甸的距离也较近。欧盟买家希望供应商在供货的同时为产品设计和开发贡献力量。从 CMP 向 FOB 转型对挖掘欧盟市场潜力而言是非常重要的一项举措。欧盟买家正推动缅甸的产品结构发生重大转变，促使缅甸工厂提高效率，适应紧迫的备货时间，聚焦拟融入 CMP 作业的其他技能。这对缅甸服装业的工艺、质量、技能和产品的升级产生了积极影响。

相比其他终端市场，欧盟市场为缅甸服装业最大限度地升级产品和工艺创造了更多机会。日韩买家与缅甸合作的历史更长，因此对缅甸服装厂当前执行的标准和廉价的产品感到满意，不会要求缅甸服装厂进行大量的创新。缅甸服装业从美国也接受大量订单，但所涉及的产品较为简单，不利于缅甸服装业最大限度地实现升级（见表5-4）。

表5-4 缅甸服装出口主要目的地 单位：百万美元

年份	欧盟	德国	法国	西班牙	意大利	英国	日本	韩国	美国	中国	合计
1995	23	7	6	1	0	4	1	0	70	0	94
2000	278	47	29	1	13	20	5	1	437	2	723
2001	351	75	42	6	19	39	8	3	437	2	801
2005	242	82	20	15	11	36	54	7	0	1	304
2011	185	72	1	41	6	32	347	232	0	11	775
2016	766	184	66	73	55	96	648	346	80	52	1892

资料来源：联合国商品贸易统计数据库；欧盟统计局。

（二）纺织业投资

1988年之前，缅甸纺织业被政府所控制。随着经济的开放和市场经济体制的落实，缅甸开始允许外商直接投资进入纺织业。除能源等其他行业之外，纺织业（尤其是服装领域）对外国投资者也极具吸引力。

20世纪90年代初，缅甸国有企业和军工企业（缅甸联邦经济控股有限公司，UMEHL）与韩国和中国香港企业成立了合资公司。这些企业是缅甸服装业的拓荒者。缅甸在1990—1994年成立的8家合资公司占缅甸服装出口额的95%。1990年，韩国大宇集团与UMEHL合资成立了两家企业，为缅甸服装出口开辟了道路。为履行来自日本的100万件男士衬衫订单，这两家企业自2000年起不断扩大自身的生产能力，帮助缅甸服装业获得越来越多的日本订单。当时，这两家企业分别拥有 2500 名和 2000 名雇员。它们为缅甸服装业奠定了基础。许多从那里获得工作经验的工人后来加入了私人企业。促使外国企业与缅甸国有企业和 UMEHL 成立合资公司的因素有：外国企业缺乏在缅甸经商的经验；私人企业尚未得到发展；全外资服装企业几乎不可能得到政府的批准。

缅甸首个全外资企业由中国香港的一家国际公司建立。该公司有 50 年的历史，在中国内地、中国澳门、马来西亚、斯里兰卡、莱索托和缅甸均设有生产基地。之后，随着缅甸政府陆续批准其他全外资企业进入服装业，该行业的外国企业越来越多。服装业大多数外国投资都是由海外企业（主要是全外资企业）单独实施的，但也存在一些有私人企业参与的合资公司。工业部下属缅甸纺织业与一家新加坡企业于 1995 年成立的合资公司是该行业最后一个有私人企业参与的合资公司。

服装业是缅甸唯一参与全球生产分销网络的行业。但是，相比缅甸其他行业（如油气行业——缅甸外国投资有很大一部分流向油气行业）和其他国家（如柬埔寨——外资企业统治了柬埔寨的服装业），外资在缅甸服装业的比重较低。这是因为，相比内资，外资经常受到不公正的待遇。这促使许多外国联营企业以国内私人企业的名义经商。这些企业被称为"隐名合伙人"。

2006 年，缅甸有 45 家外国联营企业，其中有 9 家是与国有企业或军工企业成立的合资公司，5 家是与私人企业建立的合资公司，31 家是全外资企业。按母公司所属国家/地区划分，韩国拥有 17 家，中国香港拥有 13 家，占其中的大多数。排在后面的是新加坡和泰国，各拥有 3 家。再后面是日本，拥有 2 家。尽管中国台湾企业和商人在缅甸服装业的存在感很强，但官方的外国投资者名单上并没有中国台湾企业。此外，20 世纪 90 年代末到 2001 年，服装业通过吸引国内私人企业扩大自身规模，呈现出一派繁荣景象。

缅甸服装厂的数量已从制裁期的 130 家增至 2017 年的 420 家，

其中大多数为外资。与外国合伙人（32 家公司）成立的公司或合资公司有 226 家，占总数量的 60% 左右。按国家划分，来自中国的投资者最多，然后是韩国。这两国的投资者均在缅甸设立全资公司，或与缅甸国内合作伙伴成立合资公司。其他公司中，有 160 家（占总数量的 38%）是缅资公司，其中有超过一半公司（82 家）以出口为导向，39 家公司面向国内市场。剩余 39 家公司没有指定的目的地市场。缅甸服装出口业务高度集中。少数几家大公司在总出口额中占有很大的比例。

外资企业和合资公司的规模一般远大于国内企业，工厂数量是后者的两倍。小企业一开始关注国内市场，随着规模的扩大会逐渐将重点转向出口。也就是说，以出口为导向的企业（无论采用何种所有制形式）规模大于以国内市场为导向的企业。缅甸内资企业近年来对欧洲的出口有所扩大，但日本和韩国仍是主要的出口市场。40% 的内资企业仅向亚洲市场出口。

随着美国和欧盟分别于 2013 年和 2014 年放松对缅甸的制裁，缅甸纺织服装业呈现强劲增长的态势，并获得了更多的外国投资。2014 年，美国零售商盖璞成为首个从缅甸采购产品的服装品牌。H&M、马莎、普里马克等品牌与超过 12 家缅甸服装厂签订了合同。

由于缅甸为外国投资者提供各类贸易特殊优惠并拥有丰富的劳动力，缅甸纺织业已成为对外国投资者具有吸引力的一个领域。纺织业是缅甸的重点产业之一。2014 年，制造业的外国投资占缅甸外国投资的 10% 左右，其中约有 90% 流向纺织领域。纺织业的主要投资来源地包括中国台湾、中国大陆、日本和韩国。

大部分缅甸服装厂从事 CMP 作业。这是一种典型的委约生产形式。外国投资者通常向开展劳动密集型服装生产活动的缅甸服装厂支付委约生产费用（见表 5 - 5、表 5 - 6）。

表 5-5　　　　缅甸服装业的所有制形式、雇员人数分布和
终端市场目的地（2017 年）

工厂雇员人数	工厂数量									合计
	所有制			市场目的地						
	内资	外资	合资	国外	全球	亚洲	欧美	国内	无法分类	
0—200	81	37	6	45	16	19	10	33	36	114
200—400	34	37	6	60	14	25	21	6	11	77
400—600	15	40	6	52	18	16	18	2	7	61
600—800	5	29	5	34	18	6	10		5	39
800—1000	8	35	2	43	24	13	6		2	45
1000—1200	12	17	2	29	12	7	10	1	1	31
1200—1400	1	16	1	18	9	8	1			18
1400—1600	2	10	0	8	4	2	2		4	12
1600—1800	4	9	1	12	4	4	4		2	14
1800—2000	2	5	0	6	2	4			1	7
2000—3000	1	9	2	11	5	5	1		1	12
3000—4000	0	4	1	5	3		2			5
合计（占总数量的比例）	165（38%）	238（55%）	32（7%）	323（74%）	129（30%）	109（25%）	85（20%）	42（10%）	70（16%）	435

资料来源：缅甸服装制造商协会（2017）。

表 5-6　　　　内资公司出口目的地（2017 年）

内资公司出口目的地	工厂数量	占总数量的比例（%）
亚洲和西方市场	27	33
亚洲市场	33	40

内资公司出口目的地	工厂数量	占总数量的比例（%）
其中：多个亚洲国家	17	21
其中：日本	9	11
其中：韩国	6	7
其中：中国	1	1
西方市场	18	22
其中：欧洲	1	12
其中：欧美	5	6
其中：美国	3	4
内销和出口	4	5

资料来源：缅甸服装制造商协会（2017）。

（三）缅甸纺织服装业对澜湄合作和区域价值链的参与

1. 贸易

表 5 - 7、表 5 - 8、表 5 - 9、表 5 - 10 展示了缅甸和其他澜湄国家之间的区域内纺织服装进出口贸易状况。2016 年，中国和泰国是缅甸纺织服装业的主要进口来源国。同时，缅甸与这两个国家还进行区域内纺织服装出口贸易。不同国家与缅甸的贸易量存在差异。中国和泰国是缅甸重要的进出口合作伙伴，但柬埔寨和老挝一直很少与缅甸开展进出口贸易。据预测，越南今后将成为缅甸的潜在合作伙伴，六个澜湄国家相互之间将形成重要的合作关系。

表 5 - 7　　　　　　　　**区域内纺织品进口（2016 年）**　　　单位：百万美元

	柬埔寨	中国	老挝	缅甸	泰国	越南
柬埔寨	—	2632.92	不适用	0.08	94.49	283.94

续表

	柬埔寨	中国	老挝	缅甸	泰国	越南
中国	3.58	不适用	0.06	1.18	418.23	2107.40
老挝	0.04	14.49	不适用	不适用	25.61	13.92
缅甸	0.05	452.99	不适用	不适用	24.21	7.61
泰国	1.76	1158.16	0.52	1.46	不适用	146.36
越南	18.93	6795.41	0.02	0.58	374.04	不适用

表 5-8　　　　　　区域内服装进口（2016 年）　　　单位：百万美元

	柬埔寨	中国	老挝	缅甸	泰国	越南
柬埔寨	—	60.36	0.00	0.071	4.82	12.69
中国	227.51	不适用	0.67	46.19	159.46	880.61
老挝	0.00	5.19	不适用	不适用	5.19	10.07
缅甸	0.00	89.88	不适用	不适用	23.47	1.31
泰国	53.75	652.87	1.02	6.13	不适用	76.60
越南	3.73	367.57	0.01	0.32	24.34	不适用

表 5-9　　　　　　区域内纺织品出口（2016 年）　　　单位：百万美元

	柬埔寨	中国	老挝	缅甸	泰国	越南
柬埔寨	—	13.99	0.52	0.26	0.32	20.50
中国	2049.53	不适用	12.98	1063.85	1469.82	9798.14
老挝	不适用	0.01	不适用	0.00	0.40	0.00
缅甸	不适用	6.50	不适用	不适用	0.27	0.01
泰国	121.56	345.34	38.38	0.01	不适用	0.00
越南	308.36	1891.15	20.65	12.70	151.62	不适用

表 5 - 10　　　　　　区域内服装出口（2016 年）　　　单位：百万美元

	柬埔寨	中国	老挝	缅甸	泰国	越南
柬埔寨	—	153.01	不适用	0.07	19.97	3.12
中国	137.82	不适用	9.35	158.69	1124.11	2265.51
老挝	不适用	0.13	不适用	不适用	1.13	0.01
缅甸	0.01	100.52	0.00	不适用	10.88	2.21
泰国	24.76	91.55	20.64	63.63	不适用	23.17
越南	11.65	696.18	4.50	2.56	50.92	不适用

2. 区域价值链

中国和泰国在澜湄地区扮演领导角色。在澜湄合作框架下，两国开始从设计、贴牌生产或自有品牌生产角度改变纺织业的上游价值链。越南则自主生产纺织品制造所需的原材料，自主完成纺织品加工过程。其他三个国家（即柬埔寨、老挝、缅甸）只从事 CMP 作业，并尝试向 FOB 转型。这种转型具有挑战性，需要花费一定的时间，需要相关配套措施（见图 5 - 2）。

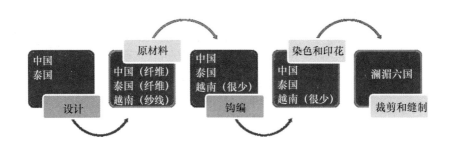

图 5 - 2　纺织业地区价值链

第三节　缅甸纺织业的优势和劣势

（一）优势

缅甸纺织业在供货方面有三项优势：纺织业传统优势和现代化

发展、资金流入、大量廉价的劳动力。目前，在为时尚和纺织品牌供货方面，缅甸展示出巨大的潜力。缅甸的纺织品生产经验享誉全球，缅甸的面料多年来一直以优越的质量而闻名。为进一步提升纺织品质量、巩固自身在纺织领域的基础地位，缅甸正在推行工艺现代化。2013 年后，资金的流入为工厂实施工艺现代化、更好地满足各类品牌的具体需求创造了条件。缅甸拥有丰富的劳动力。缅甸劳动力相比亚洲其他国家更为廉价。因此，缅甸在原材料采购和纺织品生产方面的前景非常好。但是，缅甸要想在经济、政治方面赶上先进国家，还有很长的路要走。当前是西方品牌以低成本从缅甸获得优质纺织品的最佳时机。此外，缅甸在要素禀赋、竞争力、交通和关税减免方面也有一些优势。

1. 缅甸的要素禀赋

纺织业通常适合欠发达国家，因为它所需的初期投资相对较低（主要是缝纫机），属于典型的劳动密集型产业。缅甸拥有大量低成本劳动力和建筑，且拥有棉花生长所需的肥沃土壤和建设厂房所需的土地。但是，缅甸的服装生产技术仍较为原始。

2. 比较优势分析

从性质上来说，纺织品制造属于劳动密集型产业。缅甸的纺织品制造业可获得低成本劳动力。缅甸拥有相对较年轻、具有一定识字能力的丰富劳动力，尤其是女性劳动力。如果国外企业能提供金融和技术资源，缅甸可以转型为低成本服装制造中心。要想把受过教育的年轻劳动力转化成满足需求的熟练劳动力，缅甸需要实施技能发展计划。

目前，相比其他重要的服装制造中心（如中国、泰国、柬埔寨、越南），缅甸的最低工资和平均工资都是最低的。劳动力成本占服装总成本的15%—20%。廉价劳动力带来的价格竞争力将直接帮助缅甸赶超其他服装制造中心。

缅甸服装业的主要竞争力表现在相对低廉的生产成本。生产成本包括创办成本、业务运营成本和联络成本。缅甸服装业的国内企业大多自行筹集资金。很少有外国投资流入该行业（见表5-11）。

表 5 - 11　　　　　　　　　　　劳动人口和工资

	缅甸	泰国	越南	柬埔寨	中国
劳动人口（百万人）	32.5	39.6	46.4	8.8	795.5
月最低工资（美元）	32	253	97	90	180
月平均工资（美元）	64	358	130	125	240

资料来源：Technopak Analysis。

和其他发展中国家一样，缅甸大多数服装企业从事 CMP 作业。国外买家负责除生产以外的所有活动：寻找客户，根据详细的规格设计服装，采购原材料并提供给缅甸服装厂。这些工厂只从事裁剪、缝纫和包装作业，然后将所有产品出口到海外市场。从事 CMP 作业的服装厂在业务运营期间产生生产成本，具体涵盖工资、电力、柴油、运输、通信、厂房和办公室租金、缝纫机修理和维护、行政费用等。

工人工资占服装厂运营成本的大部分。相比柬埔寨等东盟其他国家，缅甸工人的工资非常低。但是，缅甸的电力基础设施非常差，工厂必须支付更高的电力和柴油费用。

缅甸服装厂必须承担额外的联络成本（交通和通信）。由于上游产业和辅助产业欠发达，一般情况下，缅甸服装厂所有原材料和辅料（纸箱和塑料袋除外）都依赖进口。

缅甸现行的《外国投资法》允许设立全外资企业，也允许与国有企业或私人企业成立合资公司。合资公司要求注入外资占总资本需求的比例不低于 35%。这部法律的宽松程度媲美东盟发达成员的法律。缅甸投资委员会表示，任何制造企业的资本投资均不得低于 50 万美元。《外国投资法》还为外资、合资公司提供了各种优惠，例如免除三年所得税、允许采用加速折旧法计提折旧、免除针对机械、设备、备件等项目征收的关税和其他国内税。政府针对投资者制订的计划和激励措施将有助于服装制造企业发展业务、吸引投资。

3. 交通优势

仰光国际海港是缅甸主要的装运港口。该港口位于印度洋航线上，位置靠近新加坡港。货物从仰光运送到新加坡需要5—6天的时间。缅甸可探索如何通过加快运输节奏缩短原材料采购和产品发运的备货时间，进而实现成本效益。

4. 减免关税

最不发达国家出口的产品享受特殊优惠待遇。这种待遇对服装贸易的成功起到了非常大的作用，因为价格竞争力是服装贸易的关键。缅甸目前正持续推进经济改革，不断改善与主要服装市场的关系。在此背景下，缅甸可能获得关税减免，进而帮助国内服装制造商培养竞争力，获取重大商机。目前，缅甸在日本及老挝、孟加拉国等其他出口市场享受最不发达国家待遇，可最多获得10%的关税减免。此外，缅甸服装制造业成长需要有充足的交易和订单。为满足这一要求，可采取措施鼓励零售商和品牌不断从缅甸采购产品。

（二）劣势

提高生产率是纺织业发展的关键因素。陈旧的机器和技术导致缅甸生产率低下。缅甸服装业在日本贸易振兴机构的帮助下开展旨在提高生产率的培训，是缅甸唯一开展此类培训的行业。纺织业发展必须考虑工人知识水平有限、生产率提升机会有限等因素。此外，缺乏熟练劳动力、交通设施不足和政策限制也不利于服装厂获取竞争力。

1. 缺乏熟练劳动力

缅甸约有70%的劳动力从事农业活动，只有约7%的劳动力从事工业活动。服装业大多数工人是来自农村的年轻女性，很大一部分未经过培训且缺乏技能。此外，服装业缺乏有能力的管理和监督人员。这些人员是生产率的决定性因素。培养这些人员不仅需要开展正式培训，还需要持续重视在职培训。教育水平是培养管理和监督人员的基础。但是，缅甸并未开展技术或职业教育/培训活动，也没有设立相关高等院校。

2. 物流和交通

服装出厂后通过公路运抵海港或空港。某些代理人还会雇用货运代理。后者负责准备必要的出口文件并承担装运工作。充足的备货时间对服装业非常重要。因此，可靠的运输和出口程序对服装业具有重大意义。仰光港口的吞吐量非常有限，只在潮汐条件合适的情况下允许船只在一周内的某些时段驶入。

3. 政策限制

要想为服装厂申请营业执照，投资者和工厂厂主必须前往内比都。获得营业执照通常需要两到三周的时间，因为每个申请都必须获得贸易政策委员会的批准。为完成检查和通关程序，货物常常要在港口停留很长时间。这导致仰光的服装厂需要更长的备货时间，并导致其无法生产以快速响应为特征的季节性服装和时装。

（三）澜湄合作背景下缅甸纺织服装业 SWOT 分析

1. 优势

目前，缅甸纺织业价值链的转型尚处于起步阶段。该行业拥有一定的发展优势。相比同地区其他国家，缅甸的劳动力更丰富、工资水平更低。这有助于维持纺织产品的生产成本。缅甸拥有多年生产优质纺织品的经验，日益受到外国买家的青睐，且拥有自己的海港。此外，缅甸的纺织厂很有兴趣、很希望向 FOB 转型，缅甸纺织品制造商协会、缅甸服装制造商协会等纺织业协会也愿意为这种转型提供支持和引导。

2. 劣势

工人工作效率/生产率低下、缺电、交通基础设施不佳、物流条件差、金融和银行业不够完善、缺乏 FOB 出口所需的知识和纺织作业所需的酸洗技能、专业知识欠缺、社会和环境条件不符合标准等因素损害了缅甸纺织服装业的发展。此外，国内企业通常很少有机会决定产品种类和生产时间。它们根据订单开展作业，在履行订单期间严格执行买家的指示、意见和建议。因此，国内企业通常缺乏自主进入市场所需的资金、网络和技能。缅甸缺乏满足国际标准的纺织制造商和纺织原料。大多数尚处于进入阶段（从事 CMP 作业）的企业在行业中居于劣势。

3. 机遇

缅甸政府将纺织服装业视为重点行业，鼓励针对该行业的外国投资者建立工业区、采取激励措施。缅甸通过普惠制享受优惠市场准入（免关税、免配额），缅甸代表团和领事馆在国际上的存在感日益提升。这也为纺织业发展壮大、提升价值链带来了机遇。

4. 挑战

缅甸的政治、经济政策存在不确定性，有变动的风险。缅甸可能制订脱离最不发达国家行列的战略计划，而此类计划将导致缅甸丧失普惠制待遇。这一问题和缺乏融资渠道都是缅甸纺织服装业发展所面临的挑战。

第四节　政策建议

（一）劳动力

当前，其他亚洲国家面临着快速老龄化的问题，但缅甸仍在享受人口红利。缅甸年轻人口数量庞大，且劳动力识字率很高。服装业对缅甸解决就业问题起到了至关重要的作用。如果纺织服装业形成规模，劳动力需求将急剧上升。为提高生产率，服装业需强化设计和质量方面的培训和技能发展活动。

劳动力优势是最终将缅甸导向全球价值链上游的重要因素。尽管服装业近年来规模有所扩大，但政府在卫生和教育方面的支出依然很低。如能增加这些领域的投资，提升相关技术、职业技能，缅甸的竞争力将有所提升。受教育渠道不足将对劳动力参与未来的数字经济和数字产业造成限制。

（二）技术支持和机制设计

缅甸国内市场为纺织服装业构建独特的设计能力创造了良好的

机遇。缅甸纺织服装业拥有高度复杂的技能和独特的本土设计。这些技能和设计可用于出口。新产品设计旨在将西方风格的服装与缅甸传统服饰相融合。鉴于缅甸纺织服装业正在原材料采购、设计、品牌宣传方面开展定制化培训，该行业有机会解决当前低工资、低技能的问题，享受优惠市场准入。

（三）基础设施

缅甸缺乏基础设施，在世界银行发布的"整体物流表现指数排行榜"上排名很低，因此亟须开展基础设施建设，尤其在交通和发电领域。公路、港口、经济特区、电力、远程通信等各类基础设施都需要加强建设。至于软基础设施，建议缅甸采取措施提升生产率，释放本国的经济潜力。具体措施包括简化贸易和投资批准程序，在贸易相关政府机构开展机构能力建设，确保全社会各阶层（包括弱势群体）在改革中享有更大的自主权。缅甸的劳动力成本较低，但基础设施和其他经商因素的成本很高。

从长远来看，作为后向关联因素，扩大棉花种植和优质纱线生产的规模对服装业至关重要，可在原材料方面为国内市场提供保障。这一举措是生产工业原料作物和家用产品所必需的。

（四）综述

1. 国家层面

为减少纺织品进口，缅甸必须通过增加种植面积扩大棉花生产规模，增加优质棉花产量，强化优质纺织品生产方面的专业知识。

缅甸纺织服装业（尤其是服装制造产业）目前仅以国际品牌的名义从事 CMP 活动。这意味着缅甸服装厂在纺织服装价值链上仅从事一些附加值极低的劳动密集型活动。

缅甸纺织服装业今后必须采取以下发展战略：

第一，全力支持相关部委实施纺织业发展战略；

第二，以提高生产率为目标实施能力建设计划（培训和教育）；

第三，以发展价值链为目标推动高附加值生产领域的纵向一体化，从 CMP 向 FOB 转型；

第四，建立大规模纺织产业集群。

2. 企业层面

缅甸纺织服装业需要提高自身竞争力和生产率，与现有买家的国际品牌维持长期合作，寻找新市场。国内企业自主进入市场需要资金、网络和技能方面的支持。因此，缅甸企业需要从大品牌代加工向 FOB 转型。此外，为生产优质产品，必须对工厂内部和派驻国外的工人进行专门技术和专业知识方面的培训。高层和管理人员需掌握营销经验和信息，并建立营销网络。

（五）澜湄合作

纺织业的发展依托全球价值链和区域价值链。针对某个国家（例如缅甸）的投资决策通常由牵头的买家（通常是零售商或服装品牌）和代加工厂（生产商）共同作出。缅甸的纺织服装业已经牢牢嵌入国际（尤其是东亚）分销和生产网络。缅甸等劳动密集型国家将中间产品出口到日本、韩国等东亚国家。服装生产的拼接/缝纫作业则被切分出来，分配给缅甸服装厂。缅甸服装厂使用的原材料来自国外。

从未来发展的角度来看，缅甸需要建设面料厂等辅助产业，但要等到该国建成一定数量的零件组装厂之后。因此，短期内，缅甸应大力推动现有纺织服装业的发展。与此同时，缅甸需要降低服务环节成本（如简化进出口程序、取消不必要的文件要求），并建设供电、物流等基础设施，从整体上改善服装厂的发展环境。此外，缅甸的私人纺织厂应提升管理技能和管理知识，壮大自身实力。目前，外国买家根据 CMP 合同为服装厂安排必要的原材料。如果缅甸工厂继续依赖此类安排，服装厂和纺织业将无法大量积累原材料、设计、服装制图相关知识。为打破这种局面，服装厂需要提前购买面料和辅料，并以 FOB 模式出售、出口成衣。这会影响服装厂的现金流。FOB 贸易风险更大，但利润高于 CMP 业务。FOB 业务与 CMP 业务的一个重要的区别在于现金流的管理。现有的服装厂可能需要银行提供贷款。

除此之外，缅甸工厂需要通过工人能力建设提高生产率和产品质量。在此基础上，缅甸服装厂可提升竞争力，争取从日本等国获得更多订单。缅甸服装厂目前拥有更大的发展空间。廉价的劳动力是中国等国将工厂迁到缅甸或向缅甸工厂下订单的原因之一。但是，随着缅甸经济的发展，这一比较优势在不远的将来将不复存在。如果其他情况不发生变化，缅甸可能轻易地失去外国买家和订单。作为应对，缅甸政府和私营部门需要努力为外国买家和私营部门自身打造更具吸引力的生产环境。

在澜湄合作框架下，缅甸应加强价值链建设，增加成品销售和营销过程的附加值，并强化前向和后向关联。利用自身的比较优势与其他澜湄国家/邻国建立纺织产业集群也是缅甸未来发展纺织服装业必须采取的一项举措。相比竞争，澜湄合作成员国更容易形成优势互补。此外，澜湄国家可通过建立地区产业集群在产品多元化和专业化方面进行密切协调。这将提高纺织服装业的生产率和生产效率，进而提高纺织品出口的附加值和营利性。

总体而言，在经济自由化的背景下，缅甸正在经历深刻转型。但是，该国尚未充分融入全球价值链，经济开放程度不如其他东盟国家。缅甸地理位置靠近澜湄地区的增长引擎，目前正在享受人口红利，且工资水平具有竞争力（因为劳动力相对年轻且识字率高）。进一步融入地区价值链有助于缅甸凭借这些优势获得利益。如果贸易通过创造就业和结构转型让更多民众分享利益，进一步融入地区价值链还有助于缅甸实现包容性成长。缅甸需要积极、充分融入地区价值链。缅甸纺织服装业应推动高附加值生产领域的纵向一体化，以实现从 CMP 向 FOB 的转型，这对该行业的未来发展至关重要。缅甸纺织服装出口呈现产品和贸易伙伴高度集中的特点。缅甸纺织服装业应对时尚设计师进行学术和专业培训并升级制造工艺，进而实现纺织品生产的规模化，为本国时尚品牌和专业品牌的建设提供支持。此外，该行业还应从地区价值链角度为公私部门之间的政策对话提供支持，帮助澜湄合作成员国更好地实现从合资向公私合作的转型。

第六章　泰国

Siwat Luangsomboon、Rujipun Assarat、
Lalita Thienprasiddhi、Kesinee Sasitorn

第一节　泰国国内情况

（一）泰国纺织服装业的现状及最新动向

泰国纺织服装业总产值为 1838.07 亿泰铢，占泰国国内生产总值的 2%。纺织服装业出口总额年均 67 亿美元，吸纳就业 50 万—60 万人，其中服装业出口占 60%。

泰国纺织服装业国内总产量的 60% 以上用于出口。主要出口市场有美国、欧盟和东盟等贸易伙伴，占该行业总出口额的 51%。

泰国纺织服装业出口的 65% 是纺织品，如面料、纱线和合成纤维，另外 35% 是成衣、内衣和童装等。

外商投资主要用于生产上游原材料，而非下游产品，尤其是对创新和技术要求较高的面料产品。随着东盟国家内部的纺织品产出无法满足本国不断增长的需求，这些国家更多地依赖纺织品进口来服务于蓬勃发展的服装业，外国投资者由此看到了向东盟国家出口纺织品的增长潜力和光明前景。此外，泰国纺织品制造商还向国内相关行业提供产品。

纺织服装业面临的主要挑战是工资的增长，于是越来越多的泰国厂商将生产基地转移到东盟国家，尤其是柬、老、缅、越四国，来开展服装生产这项劳动密集型的生产活动。

近几年来，泰国纺织服装业相对之前有些停步不前，主要是因

为全球市场竞争日趋激烈，尤其是来自中国和印度等主要纺织品生产国的竞争，这些国家在国内资源（包括原材料和劳动力等）方面具有比较优势。这些因素使得中、印两国能够维持较低的生产成本，并提供从低到高不同价位的产品。此外，由于两国的产品比较多样化，贸易伙伴也更愿意与其合作（见图6-1、图6-2）。

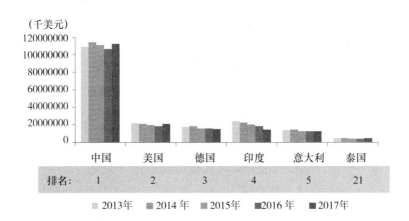

图6-1　纺织品出口额最高的几个国家

资料来源：国际贸易中心（2018），经开泰研究中心整理。

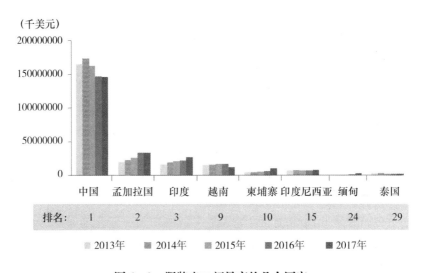

图6-2　服装出口额最高的几个国家

148

资料来源：国际贸易中心（2018），经开泰研究中心整理。

与此同时，柬埔寨、老挝、缅甸、越南、印度尼西亚等东盟邻国的纺织服装业发展迅速，已经成为泰国纺织服装业的主要竞争对手。例如，曾经是泰国在纺织品方面的主要贸易伙伴的越南已经成为纺织行业的新巨头。越南生产商在保持服装业务扩张的同时，成功提高了其纺织品的出口发货量，实现了出口的迅猛增长，并不断增加其在全球市场的市场份额。国际投资者之所以在越南投资，主要是看中了当地的廉价劳动力和贸易优惠政策，缅甸、柬埔寨、老挝等国的情况也类似。与泰国一样，印度尼西亚拥有一定资源来支持国内纺织品的生产，该国大力推进纺织品的生产和出口，以期赶超泰国。

再把眼光转到泰国国内与生产结构相关的问题，如劳动力（包括工人、技术人员和设计师）短缺、（与其他生产国相比）工资水平较高以及贸易壁垒等，都对泰国生产商的竞争力造成了负面的影响。例如，泰国不再受到欧盟等主要进口伙伴的普惠制关税优惠待遇。此外，贸易政策的不确定性也破坏了营商环境，例如泰国被排除在跨太平洋伙伴关系（即 TPP，现已更名为《全面与进步跨太平洋伙伴关系协定》）之外①。此外，泰国还要同生产成本较低的国家进行竞争。这些因素无一不在削弱泰国的竞争优势。

尽管如此，泰国纺织服装业并没有到山穷水尽的地步。泰国的某些出口产品需求量仍然很大，未来可以进一步扩大，尤其是中高端面料和合成纤维，这些产品融合了现代设计和技术，可以满足未

---

① 《全面与进步跨太平洋伙伴关系协定》（CPTPP）是一项贸易、服务和投资协定，旨在实现成员国之间的业务规则标准化。该协定还包含政府和私营部门之间的知识产权、劳工标准、环境法规和争端解决等内容。该协定的前身是由 12 个成员国组成的《跨太平洋伙伴关系协定》。2017 年年初，美国退出《跨太平洋伙伴关系协定》后，其余成员国同意重新签订协议，并更名为《全面与进步跨太平洋伙伴关系协定》。截至目前，该协定有 11 个成员国，包括日本、加拿大、墨西哥、秘鲁、智利、澳大利亚、新西兰、新加坡、马来西亚、文莱和越南。《全面与进步跨太平洋伙伴关系协定》于 2018 年 3 月 8 日在智利正式签订。与此同时，各成员国正在敦促其政府通过该协定。《全面与进步跨太平洋伙伴关系协定》将在至少 6 个成员国批准后 60 天内生效。《全面与进步跨太平洋伙伴关系协定》成员国计划在 2018 年或至少在 2019 年开始正式实施该协定。包括泰国、韩国、菲律宾、印度尼西亚、斯里兰卡和英国在内的许多经济体，都表示有兴趣加入该协定。但是，《全面与进步跨太平洋伙伴关系协定》只有在生效后才能接受新成员。

来消费者的需求。因此，开泰研究中心（Kasikorn Research Center）认为，泰国纺织服装业的未来取决于该国能否根据全球消费趋势制定符合最终用户需求的产品生产战略。相关产品必须具备优质、差异化等特点，单位附加值的比重增加，才能避免直接的价格竞争。

（二）泰国纺织服装业供应链

泰国纺织服装业包括从上游到下游的多种生产线，主要涵盖以下五个行业（见图6-3）：

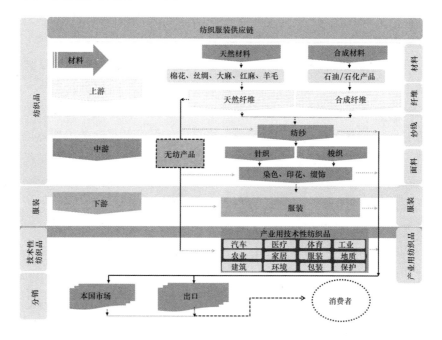

图6-3 泰国纺织服装业

资料来源：泰国商务部，经开泰研究中心整理。

——涤纶行业

——纺纱行业

——梭织和针织行业

——制革和染色行业

——服装行业

制造结构因行业而异。例如，涤纶生产作为一个上游产业，是资本密集程度最高的，而作为下游产业的服装制造业则是劳动密集程度最高的产业（见图6-4）。

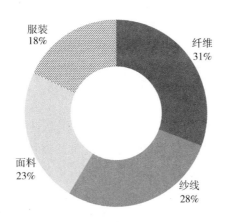

图6-4　泰国纺织品和服装产量

资料来源：泰国纺织研究所（2017），经开泰研究中心整理。

泰国纺织服装业生产的31%是纤维，然后依次是纱线、面料和服装，分别占总产量的28%、23%和18%。

从纺织服装业的经营者数量来看，其中大多数是小型企业或中小型企业，其次是中型和大型企业。值得注意的是，上游行业经营者的数量（即纺织业经营者，1885家）少于下游行业的经营者（即服装业的经营者，2528家）（见表6-1、表6-2）。

表6-1　　　　　　　　　**泰国纺织品制造商统计**

合计：1885家			
小型 （不超过50名工人）	中型 （51—200名工人）	大型 （超过200名工人）	工人总数 （名）
917	478	186	162749

资料来源：泰国商务部国际贸易促进厅（2018年5月）。

表 6 - 2　　　　　　　　　　**泰国服装制造商统计**

合计: 2528 家			
小型 (不超过 50 名工人)	中型 (51—200 名工人)	大型 (超过 200 名工人)	工人总数 (名)
1492	697	339	350000—400000

资料来源: 泰国商务部国际贸易促进厅 (2018 年 5 月)。

代工/委托生产（OEM）是在泰国最受欢迎的纺织品和服装生产模式，80% 的当地生产商根据客户提供的设计规格生产产品。设计加工（ODM）是指生产商在向客户提供产品之前先自行设计。而自有品牌生产（OBM）是指生产商打造自己的品牌，这种模式尚未被泰国生产商广泛采用。不过，有迹象表明泰国生产商已经逐渐转向设计加工和自有品牌生产两种模式。

总体而言，泰国目前有 4804 家纺织品和服装生产厂，其中 2671 家是纺织品工厂，另外 2133 家是服装工厂，具体如表 6 - 3 所示。

关于泰国纺织服装业的前景，面料、纱线和合成纤维等上游纺织品在制造和出口方面潜力最大。这是因为泰国经营者长期以来在这些领域积累了很多专业经验。此外，还有石化（涤纶原料生产行业）、纺纱、梭织、染色等配套行业。与该区域其他国家相比，这些相对完整的综合配套产业的存在增强了泰国生产上游纺织产品的能力。

由于竞争环境的不断变化，开泰研究中心认为，泰国纺织业向用途更加广泛的功能性/技术性纺织品和创新—智能纺织品转型是一条不错的出路，因为此类产品具有较高的增长潜力。目前，泰国技术性纺织品的出口（尤其是用于下游生产的上游和中游产品）仅占其对全球市场纺织品出口总额的 11%。然而，与其他纺织产品的增长相比，功能性纺织品出口增长率最高。因此，技术演进和消费者行为的变化将为功能性纺织品带来更好的出口前景（见图 6 - 5）。

表 6 – 3	泰国纺织品和服装生产厂			单位：家
业务类型	截至 2017 年年底工厂数	2018 年 1—3 月累计		
		新设工厂数	退出工厂数	现有工厂数
纤维和纱线纺织	161	2	2	161
纺织品梭织	611	1		612
纺织品染色	234		2	232
纺织品印花	145	1	3	143
家用纺织品	194	2		196
绳索和麻袋编织	10	2		12
帆布/帐篷	44	1		45
刺绣	188			188
针织	658	5	2	661
地毯	29			29
绳索	66			66
渔网	41	1		42
油毡地毯或地板覆盖物	1			1
涂层面料	22			22
纤维纸板	19	3	1	21
花边或合成花边	5			5
床垫生产中用到的纤维材料	96			96
（使用新纤维进行）针织/编织以外的制造	96		1	95
纱线、帆布、外胎、轮子	4	1		5
服装	2127	10	4	2133
帽子	38	1		39
总计	4789	30	15	4804

资料来源：泰国纺织研究所工业工程部门。

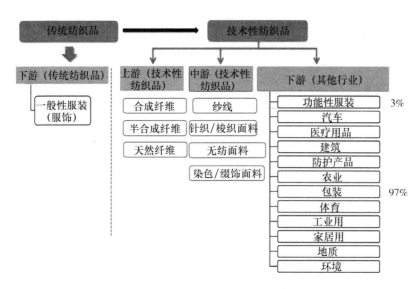

图6-5 从传统纺织品到技术性纺织品的供应链

注：下游行业技术性纺织品产值的3%来自功能性服装，97%来自其他行业。

资料来源：泰国工业部工业经济办公室，经开泰研究中心整理。

　　值得注意的是，虽然纺织品总产量的70%以上用于支持服装行业，但是在技术性纺织品中，超过97%的产量流向下游行业，即汽车、医疗和工业相关制造业。比起其他一般纺织产品，这些行业可以创造利润更高的新的下游产品，从而带来更高的附加值。与此同时，用于制作服装的技术性纺织品的产值仅占总产值的3%，这其中绝大多数用于服装和功能性服饰（如运动服）的合成纤维的生产。虽然技术性纺织品的附加值高于服装，但其下游工艺的附加值仍然低于上述产品的附加值。

第二节　泰国纺织服装业参与国际合作和澜湄合作的情况

（一）泰国纺织服装业的进出口情况

1. 出口

纺织业：在2018年的前四个月，泰国纺织业出口保持健康增长态势，出口总额达到 15.36 亿美元，同比增长 11.7%。主要出口目的地是柬埔寨、老挝、缅甸、越南和印度尼西亚。这些国家大多是世界上重要的服装制造国，这些国家纺织品的进口总额占泰国向全球市场出口额的 29% 以上。其他主要市场依次包括日本、中国和孟加拉国。出口额最大的纺织产品是人造纤维（包括短纤和长纤），其次是面料。

总体而言，开泰研究中心认为，泰国对全球市场的出口额不低于 47 亿美元，同比增长 8.0%。从产品类别来看，主要出口产品是面料和人造纤维，目标市场需求量很大，尤其是东盟的服装生产国，如柬埔寨、老挝、缅甸、越南和印度尼西亚。特别是由于外资的增加，缅甸、越南和印度尼西亚的服装业增长迅速，因此这些国家对贸易伙伴的需求持续增长。泰国作为这些国家纺织原料的主要出口国之一，也因此受益。其他前景不错的市场还包括日本、中国、韩国、印度、澳大利亚、智利、新西兰等与泰国签订了自由贸易协定的市场，泰国经营者在这些市场所占的份额也在逐渐增加。一些市场虽然规模较小，但增长前景更为光明。尽管如此，泰国纺织业还应当密切关注那些价格高于同行（尤其是中国、印度和越南的同行）的产品。

服装业：在 2018 年的前四个月，泰国服装出口保持正增长，总额达到 7.728 亿美元，同比增长 3.6%。主要出口市场是美国和欧盟，它们是世界上最大的两个服装进口方，占泰国向全球市场出口的 58% 以上，其次是日本和东盟国家。泰国出口的服装大多是成衣（如运动服、运动衫和工作服）、婴儿服装和内衣等（见图 6-6）。

开泰研究中心认为，得益于 2018 年举办的 FIFA 世界杯，单就 2018 年而言，泰国向全球市场出口的服装总价值不低于 24 亿美元，同比增长 2.1%。由于泰国是世界主要的运动服（包括比赛用服和训练用服，以及足球球迷穿的国家队球衣）的生产基地之一，因此全球领先的运动服装品牌下了不少大订单，使得泰国服装出口额恢复了同比正增长（较往年恢复了正增长）（见图 6-7）。

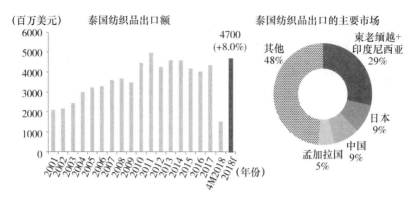

图6-6 泰国纺织品出口

资料来源：泰国商务部、国际贸易中心，经开泰研究中心整理。

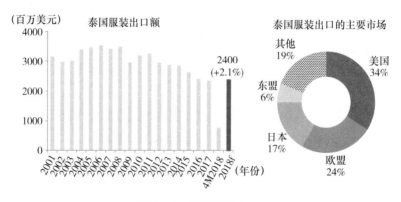

图6-7 泰国服装出口

资料来源：泰国商务部、国际贸易中心，经开泰研究中心整理。

　　不过，泰国服装制造商的竞争力还是受到了贸易壁垒和生产成本增加的影响，这些因素导致泰国产品比竞争对手更昂贵，尤其是具有相当竞争力的柬、老、缅、越四国。由于这些国家的贸易伙伴（如美国和欧盟）向其提供了关税优惠，而且这些国家的生产成本低于同地区其他国家，外国投资者已将目光转向这些国家。

　　主要贸易伙伴向泰国及其竞争对手提供的最惠国税率、普惠制（GSP）及自由贸易区关税税率（HS50—HS63）已经总结如表6-4所示。

表6-4　　主要贸易伙伴向泰国及其竞争对手提供的贸易待遇

国家/地区	欧盟		美国		日本		自由贸易协定（东盟—日本）
	普惠制	最惠国	普惠制	最惠国	普惠制	最惠国	
泰国	—	0%—12.8%	—	0%—12.0%	—	0%—11.0%	0%
老挝	√**				√*		0%
越南	√	越南—欧盟自由贸易协定（待生效）	—		√		0%
柬埔寨	√**		√*		√*		0%
缅甸	√**		√*		√*		0%
印度尼西亚	√		√		√		0%

注：√ = 普惠制下的优惠关税。

√* = 针对最不发达国家的优惠关税税率。

√** = 欧盟根据"除武器之外的一切产品"（EBA）倡议向最不发达国家提供的优惠关税税率。

资料来源：开泰研究中心整理得出。

尽管如此，泰国应该开拓东盟、日本、中国、印度、澳大利亚、智利、新西兰等与其签署了自由贸易协定的潜力市场。尽管泰国对这些国家的出口份额仍然微乎其微，但增长率一直在攀升。值得注意的是，泰国纺织服装业对中国出口的总额已经连续五年呈增长态势。

2. 进口

纺织业：在2018年的前四个月，泰国纺织业进口增幅令人满意，总进口额达到11.59亿美元，同比增长13.4%。泰国主要从中国大陆进口，占其从全球进口总额的34%以上，其次是美国、中国台湾和日本。值得注意的是，泰国从全球主要的纺织品生产者购买纺织品，这些国家/地区在生产成本和产品多样性方面具有优势，特别是中国大陆，或者美国、中国台湾和日本等具有创新和生产技术优势的国家/地区。因此，泰国能够进口不同价格、技术和创新水平的各式产品，来支持国内的服装生产。泰国主要进口的产品是面料——梭织面料，其次是纱线和纤维（见图 6 - 8）。

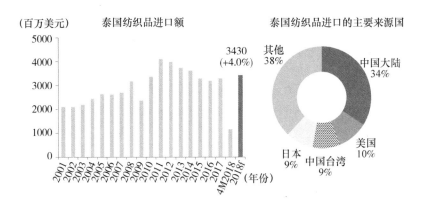

图 6 - 8　泰国纺织品进口

资料来源：泰国商务部、国际贸易中心，经开泰研究中心整理。

　　总体而言，开泰研究中心认为，2018 年泰国的纺织品进口量可能高达 34.3 亿美元，同比增长 4.0%。主要进口产品可能是面料和纱线，尤其是中高端纺织产品和技术性纺织品（如无纺布和工业纺织品），因为这些产品无法在泰国国内生产，而且汽车和医疗等行业对它们的需求也在增加。

　　服装业：2018 年前四个月，泰国服装业进口额实现稳步增长，达到 3.489 亿美元，同比增长 24.2%。中国是泰国的主要进口来源国，占该国从全球市场进口总量的 51% 以上，其次是柬、老、缅、越四国、孟加拉国、土耳其（排名分先后）。值得注意的是，泰国主要从世界主要服装制造国进口，这些国家同时也是全球品牌制造商所投外资的接受国。主要进口服装包括快时尚成品、工作服（工作裤和工作裙）、内衣和外套等（见图6-9）。

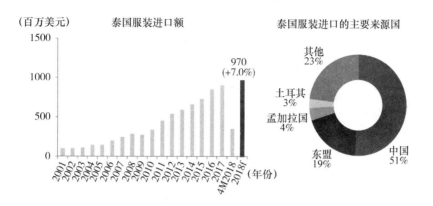

图6-9 泰国服装进口

资料来源：泰国商务部、国际贸易中心，经开泰研究中心整理。

开泰研究中心认为，由于西方和亚洲国家知名服装品牌的业务扩张，人们对服装购物的偏好和消费者购买力的提高，尤其是中产阶级群体，整个2018年，泰国的服装进口额可能高达9.7亿美元，同比增长7.0%。因此，泰国对于服装的进口总额有望继续增长，尤其是对全球知名品牌时尚产品的进口。

（二）泰国以及柬、老、缅、越四国纺织服装业吸引的投资

近来，由于投资委员会（BOI）的投资促进政策，注入泰国纺织服装业的外资主要集中在高科技产品和创新产品上。优先投资那些将先进技术应用于生产的纺织品和服装制造商。投资委员会为促进未来纺织品提供的优惠政策详情如表6-5所示。

展望未来，开泰研究中心认为，对泰国纺织服装业进行投资的机会仍然存在，因为政府已经为促进未来纺织业的发展提供了支持。此外，与其他国家的纺织服装业相比，泰国具有更强的纺织品制造能力。因此，预计泰国将吸引外商直接投资，用于高科技纺织品的环保型生产活动（更多采用再生纤维等天然原材料、无纺面料或无纺面料制成的卫生产品），以及用于基于研发的服装制造和产品设计（研发支出不得低于销售额的 0.5%），以便取代从中国及生产能力更强的其他国家进口的产品。

表 6 – 5   投资委员会为促进未来纺织品提供的优惠政策

投资激励政策	符合条件的活动
A2：企业所得税免税 8 年 （限额）	技术性或功能性纤维的制造
A3：企业所得税免税 5 年 （限额）	功能性纱线或面料的制造

资料来源：投资委员会。

根据泰国银行的数据，在 2018 年 1—3 月，多个依赖纺织服装业原材料的大型投资项目获得了投资委员会提供的贸易促进优惠，其中包括价值 10.93 亿泰铢的安全气囊制造项目。

对于已经将业务拓展到柬、老、缅、越四国的泰国纺织品和服装制造商而言，目标是进一步扩大业务，从而分散风险，避免过分依赖某一制造基地。值得注意的是，泰国服装制造商已经寻求投资柬、老、缅、越四国，以便利用其劳动力成本优势、充足的劳动力和贸易伙伴提供的关税优惠。不过，由于泰国的原材料、基础设施和物流系统比较完备，因此国内纺织业的潜力仍然很大。

在柬、老、缅、越四国拓展业务的泰国投资者大多是拥有充足资金、业务合作伙伴和海外顾问的大型经营者。他们重点关注的是运动服的生产。目前已有 22 家泰国公司拓展在四国的业务，包括大牌服装制造商丰成集团（Hong Seng Group）、Hi – Tech Apparel、Nice Apparel、T. K Garment、Thong Thai Textile、Liberty Garment 等。有些公司在四国都设立了工厂，另一些公司则专注某一国家，但在该国所有地区均开设了工厂（见表 6 – 6）。

表6-6 成功打入柬、老、缅、越四国市场的泰国服装公司

国家	公司数（家）
越南	9
柬埔寨	4
缅甸	5
老挝	8

资料来源：泰国服装制造商协会（2016）。

第三节　泰国纺织服装业在澜湄国家中的优劣势

（一）泰国纺织服装业的优势、劣势、机遇和挑战

1. 优势

泰国拥有非常完备的纺织服装业，涵盖了该行业的上、下游生产链，因此有能力向国内制造商和东盟国家的制造商供应产品，泰国也是世界上最重要的纺织品和服装制造基地之一。泰国还拥有足够的基础设施和物流系统来支持本国的纺织服装业。

泰国制造商在纺织品和服装生产方面积累了专业知识和丰富的经验。泰国的纺织品和服装质量优良，受到国际买家/进口商的欢迎，原因有以下几点：

第一，制造商符合贸易伙伴所要求的制造、就业和安全标准。

第二，交货准时。

第三，泰国制造商能够接受小批量订单，来迎合不断变化的买家需求。

泰国纺织服装业的制造商采取多种生产模式，包括委托生产（OEM）、设计加工（ODM）和自有品牌生产（OBM）。因此，投资者既可以选择投资这些制造商，也可以选择下单从他们那购买。

2. 劣势

泰国纺织品和服装的价格与中国、印度和越南相比较高，这几个国家也是泰国在几乎所有出口市场的主要竞争对手。正因如此，

161

泰国的出口竞争力已经开始下降。由于价格竞争削弱了泰国在贸易方面的竞争优势，泰国制造商已开始通过专注高附加值产品进行升级，以满足未来的市场需求。

工人短缺和工资上涨是泰国纺织服装业的结构性问题。制造工人、技术人员和设计师的稀缺，加之比其他国家更高的劳动力成本，都可能会影响到泰国的采购订单和贸易伙伴的外包生产订单，特别是像快时尚品这种以相对较低的成本制造以保持竞争力的产品。不过，像婴儿服装、内衣和运动服这些对技术工人以及制造和安全标准要求比较高的服装，则可能不会受到太大影响（见表6-7）。

表6-7　柬、老、缅、越和印度尼西亚五国吸引的投资（对比泰国）

	柬埔寨	老挝	缅甸	越南		印度尼西亚		泰国
				河内/胡志明市	内地	雅加达/万隆	内地	
最低月工资（美元）	140	111	78	190	101—129	206	183	221.6
人口（百万人）	15.8	6.9	54.4	94.4		260.6		68.2
劳动力（百万人）	9.2	3.8	37.4	61.8		150.4		45.0

资料来源：泰国服装制造商协会（2016年6月）。

2017年年中泰国发布《关于外籍工人的紧急法令》之后，50000多名外籍工人返回了本国，而且没有再回到泰国。泰国的许多行业，包括纺织服装业，也因此受困于工人短缺的问题。预计受影响的行业还将展开工人争夺战。为了解决这个问题，纺织业等劳动密集型产业可能不得不投资邻国，或者将工厂转移到邻国。

缺乏积极主动的营销策略，因为海外订单的纺织品和服装主要由OEM厂商生产。此外，这些OEM厂商没有自己的品牌，而大型制造商在资金、研发和人力资源等方面比较充足，因此在接受采购订单和提高产品质量方面具有更大的灵活性，可以更好地满足买家不断变化的需求。

3. 机遇

泰国有机会成为本地区纺织服装业的发展中心：目前，泰国正在增加对东盟纺织品和服装的出口，因为该地区消费者的可支配收入不断提升，他们也开始对时尚产品产生更大的兴趣。柬、老、缅、越四国尤其如此，泰国制造的服装非常受当地消费者的欢迎。泰国服装品牌在四国非常有名，因为他们已经在这些国家经营了相当长的一段时间。泰国作为服装贸易、制造和时装设计中心，加之地缘上靠近四国且与四国文化相近，所以预计未来泰国能够将纺织品（作为相关行业的原材料）和服装市场扩展到这些国家。

政府推动未来产业的计划：改革名单上的一个传统产业就是纺织服装业。根据政府推出的"泰国4.0"战略，纺织服装业被划入"第二批S形曲线行业"。过去，泰国纺织服装业采用过时的技术生产低附加值的产品，因此一直以来增长缓慢，但在未来几年里，它将升级为一个创造更大经济价值的行业。

为此，泰国将整合纺织、服装、皮革、钻石和珠宝等产业集群，形成一个大时尚产业。时尚业将重点关注创意和文化设计，或纺织创新和技术的发展，例如功能性纺织品和服装。这些创新和技术包括：轻质、阻燃和导电的服装（与电子设备相连，抑或在穿着时能够增强身体能力），以及提供健康/医疗益处或者有益于保护环境的服装，例如，可以预防细菌、化学物质和放射性物质，或者可以测量心率的服装。

政府在研发、投资和营销方面提供的援助，将有助于纺织服装生产企业进一步提高生产和营销水平。

制造技术和创新方面的进步，能够帮助具有创造性想法和充足资金的泰国纺织品和服装制造商做出改进，同时增加其产品的价值。这些方面的进步包括：新型纤维和染色技术，或新型服装，如工业用技术性纺织品、功能性服装（针对患者和老年人的）和生态服装（使用100%天然或有机原料，未来的全球需求可能会很大）（见图6-10）。

图 6 – 10 目标行业

4. 挑战

泰国的竞争优势受到以下因素的削弱：

其一，2015 年，泰国的主要贸易伙伴——欧盟提供的普惠制关税优惠待遇到期。

其二，欧盟在普惠制体系下实行原产地原则（自 2011 年起生效），允许最不发达国家（即老挝和柬埔寨）从其他非东盟成员国（包括印度、巴基斯坦、中国和孟加拉国）进口原材料（面料），这可能会导致泰国的面料出口商在老挝和柬埔寨失去其对以上非东盟国家的竞争优势。

其三，含混不清的贸易协议，即《跨太平洋伙伴关系协定》（现已更名为《全面与进步跨太平洋伙伴关系协定》）。

其四，非关税壁垒。预计泰国的贸易伙伴将在未来设立更多贸易壁垒，特别是与劳工问题及侵犯版权和环保标准有关的非关税壁垒，以及反倾销税和环保措施。

泰国纺织品和服装制造商可能在主要出口市场遭遇的非关税壁垒主要是染色方面的规定，该规定要求纺织品在染色时尽量少用色料。此外，还有涉及"××国制造"和产品质量标签的非关税壁垒：

—— REACH 法规——欧盟的化学品安全法规。

—— 欧洲经济区的生态标签措施（要求产品制造商展示环保型制造和废物处理流程）。

泰国国内的制造基地可能会越来越少，尤其是服装业的制造基地，因为在激烈竞争环境下，新制造商大都选择将生产设施转移到成本较低且劳动力充足的国家。因此，泰国的服装出口量可能会下降，而国内生产的服装价格将来可能会上涨。

（二）泰国竞争力分析

纺织品和服装生产已从泰国迁至柬埔寨、缅甸和越南等前沿经济体。因此，泰国纺织品和服装产品（HS50—HS65）出口在 2010—2017 年连续出现下降，年复合增长率同比增长 -2.0%。相比之下，前沿经济体（缅甸、越南和柬埔寨）纺织品和服装产品出口额呈现快速增长态势。越南和柬埔寨的纺织品和服装出口价值已经超过泰国，主要是因为泰国劳动力成本上升，使其在这个行业丧失了原有竞争力。此外，与电子和汽车等其他制造业相比，纺织品和服装产品的生产没有那么复杂。因此，将纺织品和服装的生产转移到劳动力成本较低的其他国家不存在很大障碍（见图 6 - 11）。

为了进一步分析纺织服装业的竞争力，我们使用出口复杂度指

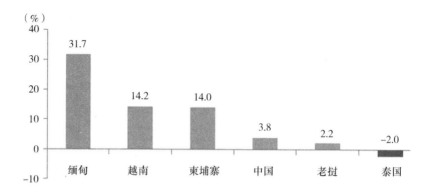

图 6-11 纺织品和服装出口增长情况（2010—2017 年复合年均增长率）

资料来源：联合国商品贸易统计数据库，由开泰研究中心计算得出。

数这一工具，该工具根据 Hausmann、Hwang and Rodrik（2006）改编。产品层面的复杂度指数通过下式得出：

$$产品复杂度指数 = PRODY_k = \sum_i \frac{x_{ik/X_i}}{x_{wk/X_w}} \times y_i,$$

其中 X 表示 i 国所有纺织品和服装出口的总价值，x 表示纺织品或服装产品 k 的出口价值，而 w 表示世界。y 表示人均名义 GDP。复杂程度更高的产品可能需要更高的技能和更先进的技术，因此更有可能由富裕国家生产。

我们使用国家的出口复杂度指数来估算一个国家出口产品组合的复杂程度，该指数通过将该国出口产品的所有产品复杂程度值相加得出，每个产品复杂程度值由产品在总出口中的份额加权得出，具体如下：

$$出口复杂度指数 = EXPY_i = \sum_k \frac{x_{ik}}{x_i} \times PRODY_k = EXPY_i = \sum_k \frac{x_{ik}}{x_i} \times$$

$PRODY_k$。

纺织品和服装产品可分为上游产品（即丝绸、棉花、天然和合成纱线）、中游产品（即天然和合成面料）和下游产品（即服装、配饰和鞋类）。因此，对于上、中、下游纺织服装产品而言，k 分别等于 1、2 和 3。

根据 Hausmann、Hwangand Rodrik（2006）得出的产品复杂度指数可以得出，下游行业的复杂度指数最低，而上游行业的复杂度指数最高。这是因为该指数按每个国家的人均国内生产总值进行加权，假设复杂的产品主要由富裕国家生产。从这一数据来看，下游服装产品主要由中国、越南、印度和柬埔寨等中等收入国家生产。另外，许多高收入国家在上游纺织产品生产中占有很大份额。例如，2017年，上游纺织产品（主要是合成纤维和短纤维）占日本纺织品和服装出口的 26.3%，而下游服装产品仅占 11.1%。此外，中、下游纺织品和服装产品的复杂度指数也在不断降低。这表明这些产品的生产很容易转移到劳动力成本较低的国家（见图 6-12）。

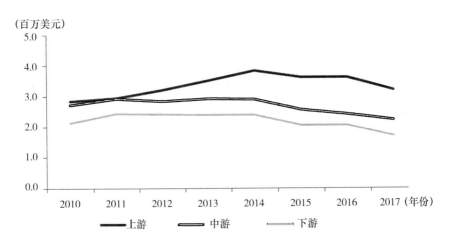

图 6-12　产品复杂度指数

资料来源：联合国商品贸易统计数据库，由开泰研究中心计算得出。

从纺织服装业各国的标准化出口复杂度指数来看，泰国的出口复杂程度指数高于同地区的其他国家，包括中国、越南、柬埔寨、老挝和缅甸。泰国纺织品和服装出口相对较为复杂，因为相比其他国家，泰国出口较少集中于下游服装产品，而在 2017 年，柬、老、缅、越四国和中国的下游服装出口量分别占各自纺织品和服装出口总量的 85% 和 70% 以上（见图 6-13、图 6-14）。

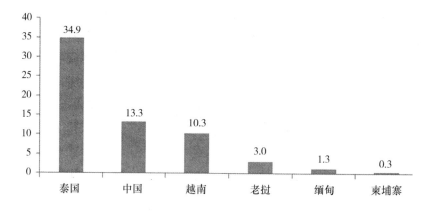

图6-13　国家出口复杂度指数（2017年）

资料来源：联合国商品贸易统计数据库，由开泰研究中心计算得出。

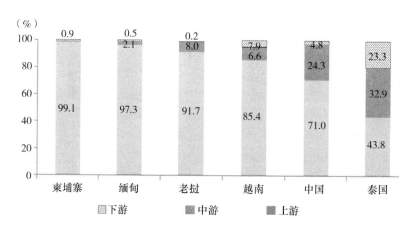

图6-14　纺织品和服装出口结构（2017年）

资料来源：联合国商品贸易统计数据库，由开泰研究中心计算得出。

　　根据以上分析，即使泰国无法与其他国家竞争，但产品相对更加多样和丰富。为避免价格竞争，泰国应重点关注高附加值产品，尤其是其拥有比较优势的上、中游纺织产品，例如合成短纤、合成长丝、填充纺织品、无纺布和打结网纱（HS55—HS56）。这些合成纺织产品的生产通常需要一定的先进技术，并且不太可能迁移到劳动力成本较低的其他国家。相比之下，柬、老、缅、越四国仍然需要依赖上游原材料进口来生产通常不需要复杂制造技术的下游服装产品。

此外，还有必要分析一下泰国在全球价值链中的地位和竞争力。考虑到泰国纺织服装业在全球价值链中的地位，泰国的前向联系[1]非常接近或略高于印度尼西亚，因为两国都是本国纺织服装业的上游原材料生产国，如合成纤维等原材料由国内石化行业支持。因此，这两个国家可看作处于上游地位。至于越南，虽然由于政府出台鼓励投资纺织业的政策，该国已经开始生产更多的上游原材料，但制造业使用的大部分原材料都是源自进口，从这个角度讲，越南的前向联系低于泰国和印度尼西亚。

越南的后向联系[2]明显高于泰国和印度尼西亚。可认为越南处于下游地位，或在生产链最后环节拥有技能优势，也就是说，越南能够生产商品并出口其中很大一部分，尤其是服装。然而，越南仍需大量进口初、中级产品来服务其出口导向型制造业，从这个角度讲，越南的后向联系高于前向联系。同时，泰国和印度尼西亚并不十分依赖进口，这两个国家进口的产品都是高质量的商品，或者无法在本国生产的商品。此外，与越南相比，这两个国家的纺织品和服装出口额并不是很高。

展望未来，泰国有望通过提高现有特色产品（上、中游合成纺织产品）的生产率，来提高纺织品和服装出口的创收潜力。此外，泰国应该生产更高附加值的产品，例如，涂层或层压面料（即轮胎帘子面料）和特殊的梭织或簇绒面料（即纱布和纺织锦）。为实现这些目标，就需要对机械和技术进行投资。泰国作为东盟重要纺织品和服装生产中心之一，完全可以从全球价值链获得更多利益，来加强其贸易活动，并吸引投资流入纺织服装业。应加大对产品升级研发的支持力度，提高泰国在高端产品中的竞争力，避免低端价格竞争。应大力推动技术先进产品或新型生产

---

① A 国的前向联系是指 A 国创造的附加值，用于 A 国间接出口到其他国家。

② A 国的后向联系是指其他国家创造的附加值，用于其他国家出口到 A 国。

创新的研发投资，开发可能需要外商投资的未来产业，采用先进生产技术打造更高价值的产品。

总之，经过对泰国纺织服装业竞争力的分析，可以看出，它目前正面临两大挑战，具体如下：

第一，预期工资、水电和能源成本将增加，导致生产成本增加。这些因素再加上工人短缺，可能会影响纺织品和服装制造商决定是否扩大在该国的投资。此外，海外采购订单量的减少也可能导致单位利润下降（见图6-15）。

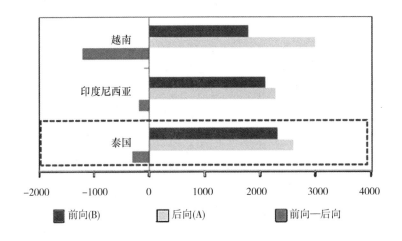

图6-15 泰国制造业在全球价值链上的地位（对比东盟主要竞争对手）

资料来源：2011年经济合作与发展组织国家间投入产出表，开泰研究中心计算得出。

第二，在享受贸易伙伴提供的贸易优惠待遇的同时，保持对主要竞争对手的竞争优势，特别是生产成本较低且出口产品与泰国相同的柬、老、缅、越四国。泰国的竞争对手还包括中国和印度，这两个国家已经实现规模经济且产品种类繁多；美国、中国台湾和日本在纺织品和服装生产中使用了最先进的创新和技术。

这些挑战对泰国纺织品和服装制造商的影响因其转嫁成本和议价的能力而异。然而，受影响最大的是占行业85%的中小企业，因为它们的自我调整能力不如大型制造商。另外，大型制造商拥有较高的出口创收，更善于应对行业变化。

那些能够维持下去的纺织品和服装制造商都是能够进行及时调整的厂家，例如，将工厂迁移到低成本国家，扩大海外分销渠道，提高处理各种采购订单的能力（即便总订单量可能很小），以及生产高附加值的产品。

那些难以生存并且必须快速调整的中小企业由于价格竞争加剧而继续接受外包生产订单。此外，它们没有在海外投资的潜力，而且获得资金来源的机会有限。这些中小企业面临更大的破产风险（见图 6 - 16）。

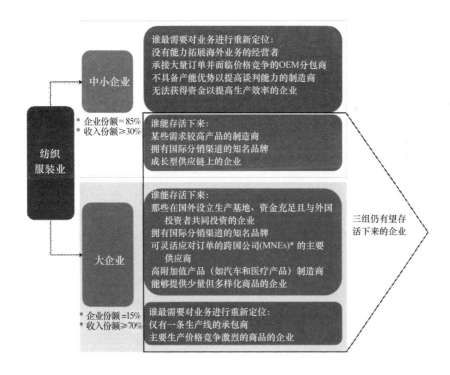

图 6 - 16　纺织服装业

注：公司份额：特定类型业务量在行业总业务量中的占比；收入份额：该类别出口额在行业总出口额中的占比；＊MNEs＝跨国企业（全球品牌）。

资料来源：中小企业促进办公室，数据直接来自经营者，经开泰研究中心整理。

在未来，竞争力和生产成本仍然是无法避免的挑战。因此，中小企业必须采用一种可以提高自身生产能力的商业模式，例如，对于上游纺织品制造商而言，他们可以重点关注符合投资委员会（BOI）投资促进政策的高附加值产品。他们还应该利用先进技术生产技术性纤维产品或者特种的天然或合成纱线产品。

对于下游纺织品制造商而言，他们应该专注于提升劳动者的生产力，并改善供应链管理。他们还应在邻国寻找新的生产基地和分销渠道，降低劳动力成本，并向贸易伙伴寻求特殊贸易优惠待遇。

尽管如此，泰国投资者，特别是中小企业主，可能会因为高昂的运营成本以及复杂的规则和法规而难以自主进行海外投资。因此，他们可能不得不形成集群，并为业务范围更加广泛的大型企业集团服务。或者，他们也可以与商业盟友建立网络（与当地投资者建立合作关系或合资企业），以增加其产品的市场机会。此外，边境贸易是商业经营者利用产品质量和地缘优势渗透到邻国从而促进出口的另一个渠道。

如果业务调整朝着这个方向发展，开泰研究中心认为，下游行业的收入结构将会出现海外汇款增加的现象（而主要出口收入将来自上游行业，因为这些行业能够保持竞争力）。无论如何，这还要取决于政府的海外投资政策，通过出台税收措施鼓励企业向该国汇款。从长远来看，海外投资带来的收入提升预计能够抵消可能有所下降的出口。

第四节　建议

不可否认的是，泰国正在失去其在纺织服装业务上的竞争优势，特别是在定价方面。由于纺织服装业行情的不断变化，长期以来没有任何一个生产基地可以一直开展劳动密集型生产。最终，投资者再也无法接受劳动力成本上升带来的负担，就像中国、日本、韩国等制造业国家之前所经历的那样。

　　这一问题为泰国企业提出了重大考验，它们需要重新思考并改变业务战略，以实现企业的长期可持续发展。它们必须考虑如何提高自身产能，继而提升国内竞争力。价格竞争是泰国的主要业务制约因素，但是如果泰国生产者能够按照贸易伙伴关于生产和就业标准的要求，始终保持生产标准和质量，同时确保安全和准时交付，他们就应该能够保持对其他国家的竞争优势。

　　关于未来纺织服装业发展的指导方针，经营者应重点关注四点：

（一）加强上游纺织品的研发，走差异化路线，重点开发高附加值产品，创造未来趋势，更好地满足市场不断变化的需求

　　在未来几年内，泰国的纺织服装业将会缩水。工厂将雇用更少的工人，并使用技术来提高生产质量、降低生产成本和提高产品价值，以满足制造商和进口国的政策（旨在提高产品标准，为最终用户提供新的备选产品）。关于纺织服装业的市场机会，具有市场潜力的泰国产品包括：上游纺织产品，如面料和合成纤维。

　　这类产品是泰国的主打产品，加强这类产品的研发，应该能使泰国产品更具特色，提高产品对贸易伙伴的吸引力。与传统纺织产品相比，应该推广功能性/技术性纺织品和具有更广泛的用途的创新智能纺织品，因为它们具有长期增长的潜力。此外，根据政府出台的"泰国4.0"政策，2017—2036年将发展首批S形曲线行业和新S形曲线行业，此举将为相关产业提供更多的营销渠道和机会。虽然纺织服装业不属于上述行业，但它属于"泰国4.0"政策下的第二批S形曲线行业，政府有意通过此举来提升工业品的经济附加值。因此，这一发展方向是适当的，因为根据政府的产业发展路线图，它不仅可以支持上述两种工业品，而且可以推动产业进步（见图6-17）。

纺织服装业不属于首批S形曲线行业和新S形曲线行业
但属于第二批S形曲线行业

图6-17　工业4.0下的目标行业

资料来源：经开泰研究中心整理。

　　预计以下产品将对上述行业的投资构成支持：汽车用纺织品（汽车轮胎、地毯、座套和安全带）、医疗保健业务（伤口护理敷料/人工肌腱—缝合线/手术室无菌敷料套装）、建筑（用于张力结构的帆布）、防护装备（消防装备/防弹背心/军用装备）、农业和环境（土壤保湿织物）、包装和工业（过滤器/传送带/大袋）等。这些行业在生产过程中会用到越来越多的创新纺织品。因此，如果生产者可以成为供应链的一部分来生产这些产品，那么他们便可以提升其原始产出的价值。

　　未来前景较为广阔的产品包括：拥有高附加值的产品；具备先进技术的产品，如技术性纺织品；具有某种特性的功能性纺织品/服装（可与在世界市场上具有增长潜力的相关业务相联系），例如反映全球消费趋势的汽车用纺织品、医疗保健用纺织品，如生态纺织品、老龄化社会及中产阶级快速城市化专用产品等。亮点总结如表6-8所示：

表 6 - 8   未来前景较为广阔的产品

具备潜力的产品	需求旺盛的市场
技术性纺织品	美国和欧盟市场 尤其是德国和英国 ——受欢迎且需求量大的技术性纺织品，包括用于汽车、医疗、健康和环境等领域的纺织产品；各行业的运动服和制服；以及具有某种特性的功能性家用纺织品，例如轻质、耐火/导电，或者通过连接到其他电子设备可以提升穿戴者的表现 ——具有潜力和增长前景的泰国技术性纺织产品是汽车行业的技术性纺织产品，如汽车轮胎、座套和安全带等
生态纺织品	美国、欧盟和日本市场 即德国、英国和日本 ——可以渗透老年人和儿童的细分市场 ——如今，消费者更加关注与环境责任相关的"公平贸易"或商业道德。绿色消费者更喜欢由 100% 天然材料制成且无任何残留物的有机产品，如天然纤维（大麻/菠萝纤维/竹纤维）制成的面料、有机棉制成的婴儿尿布，或者蕴含着背景故事或民间智慧的产品 ——具有市场潜力的泰国产品主要是家居纺织品（地毯，以及卧室、厨房和客厅的家居用品）、围巾之类的服饰，以及天然纤维制成的服装
老龄化社会专用产品	日本、美国和欧盟市场 如德国、英国、意大利、瑞典、法国和澳大利亚 ——全世界的老年人口越来越多，这种趋势增加了对老年人产品的需求，例如，"时尚且具有某种功能"的休闲装，不仅方便穿着而且彰显品位；可以容纳膝盖支撑护具的老年人裤；以及家用纺织品 ——预计会受到消费者欢迎的产品是那些生活中常用的功能性纺织品，包含一些可以提高舒适度的创新产品： ①易于洗涤、熨烫且具有抗皱、防水、抗菌等功能的纺织品或纳米面料 ②生活用面料，如服饰（围巾）、家居装饰（地毯，用于装饰卧室、厨房和客厅的纺织品）等 ③"时尚且具有某种功能"的纺织品或纺织产品，专为有健康问题的老年人准备，例如协助行走的膝盖支架和可以测量心率的衣物等

续表

具备潜力的产品	需求旺盛的市场
用作各种生产线原材料的纺织品	东盟国家市场 ——加大制造业投资，如服装、汽车、房地产企业和旅游等其他领域 ——因此，对原料纺织产品的需求增加，例如，生产服装所用的面料；酒店和度假村的家居纺织品；以及生产汽车内饰（安全带和座椅套）所用的纺织品

能够满足这种生产需求的经营者应该会获得更多的营销机会，因为与价格竞争激烈且单位利润较少的一般纺织产品相比，这些产品需求量大且利润可观。

（二）加强生产和主动营销

泰国企业大都没有制定完备的生产流程，也没有充分开展主动营销。因此，有必要通过创造高附加值产品和提升市场意识，来降低成本、提高生产能力、重塑业务战略，最终实现蓬勃发展。这样除了可以加强市场对泰国产品质量的认可之外，还应该可以推动泰国产品的升级换代。以下是一些关于如何营销泰国产品的建议。

寻找潜在市场中的目标客户，展示比竞争对手更具比较优势的泰国产品：目前，泰国纺织服装业专注于出口，出口量占国内总产量的60%。然而，泰国企业仍然只关注现有出口市场，并未将业务风险分散到新市场。因此建议它们在潜在市场中寻找新客户，并向客户展示具有潜力的泰国特色产品，从而增加它们的市场机会。

通过运用工业4.0①系统，专注于技术/机械投资，寻找应对成本上升的指导方针：

开发与机械/工业自动化和自主化系统进行通信的技术，例如，

---

① 工业4.0是指应用技术与机械和工业自动化生产系统进行通信，在根据消费者的多样化需求定制商品的同时，保持较高效率。该系统结合了多种制造技术，如3D打印、增强现实、大数据和分析、自主机器人、模拟、水平和垂直系统集成、智能因子、网络安全和云技术。

使用生产线上的机器人以及智能手机、平板电脑等电子设备作为辅助设备来控制复杂的生产系统，使其对用户更加友好等。

通过 PDCA（计划、执行、检查、行动）将梭织工厂的系统转变为智能系统。

应用 3D 打印技术打造精致工件，通过定制来满足消费者的个性化需求，也可以生产样品，以便在批量投产之前交给客户复核或试探市场需求。

从长远来看，上面推荐的方法将有助于提高经营效率。企业家将减少对劳动力的依赖，而且能够减少能源和原材料的损失，缩短生产周期。与传统的生产系统相比，这种方式将更有助于他们节省库存和运输成本。此外，技术应用将提高经营者的灵活性，使其能够根据因时尚周期/生产订单周期缩短而瞬息万变的商业环境来调整业务计划。

充分利用泰国的天然成分和民间智慧优势，包括：生产纺织产品的天然和本土种植原材料，如天然纤维（大麻、菠萝纤维）、丝绸披风、手工梭织棉、靛蓝染色面料，通过背景故事来展示文化遗产，使产品显得更加生动有趣。通过将传统的生活方式/民间智慧融入纺织品生产中，企业可以实现产品的差异化，同时吸引喜爱这类产品的客户，尤其是来自欧盟等西方国家以及日本和中国等东方国家的客户。

对泰国进行重新定位，将该国从生产基地转型为纺织和时装贸易、设计和开发以及采购材料的中心：泰国应重塑其商业模式，不再只是简单地接受采购订单，并根据客户的规格生产产品。泰国应努力成为优质产品中心，与世界级品牌建立联系，以供应链管理（从接受采购订单到货物分销）专家的身份进行原材料采购，并与签约合作伙伴和商业咨询机构共同开展设计。泰国可以充分利用自身的区位优势、基础设施完备性、物流以及与区域供应链的互联互通。

（三）生产模式从 OEM 向 ODM 和 OBM 转变

由于传统的经营方式生产成本高且利润率低，因此经营者需要寻找新的市场渠道来提升业务回报，并满足客户不断变化的需求。经营者应该将委托生产（OEM）的业务模式调整为设计加工（ODM），在制造之前向客户展示他们的设计理念和产品样本，而不是根据客户提供的设计规格生产产品。或者，如果经营者拥有足够的资金、技术和人力资源，也可以进一步打造自主品牌来销售产品，从而提升市场竞争力，进行自有品牌生产（OBM），因为大多数最终用户都想找到有创意、能共同设计产品和全面管理业务（从采购材料到营销）的生产商。尽管如此，从 OEM 向 ODM 和 OBM 转变并非易事，企业家需要来自国内和国际投资者的大量投资。此外，他们必须准备好迎接未来可能出现的版权、专利和贸易道德等方面的挑战。

（四）投资机械和生产技术，强化中泰之间的营销渠道

由于泰国纺织服装业使用的大多数机器都在老化，因此需要投资对机器进行更换。对于上游行业（纤维生产和染色等）而言，机械和技术将有助于提高成品质量，减少生产过程中的损失，实现机器和控制人员之间的无缝衔接，最终提高生产效率。关于下游制造（服装生产等），应重点关注如何用机器来制造比手工生产更多的产品，以及如何进行独家设计才能将"批量定制"与"批量生产"区分开来。

纺织服装业需求旺盛的机器和技术预计包括：

①3D 打印技术；

②信息技术与虚拟现实（VR）①；

③无水染色机，有助于减少有毒物质排放，使用的资源更少，

---

① 与机械、设备零件和产品等有形材料系统连接的计算机网络，用于加强生产机器和人员之间的连接、共享和协作。

而且更加环保；

④机器人过程自动化（RPA），例如下水道机器人（Sewbot）。

外国投资者在机器更换方面的新机会恰好符合投资委员会（BOI）的政策，该政策修改了纺织服装企业的贸易促进条件，将注意力更多地放在使用尖端技术的企业上。此外，进口新机器的企业将获得进口关税的豁免。

投资以纺织、服装和皮革业作为目标活动的经济特区（如达府、沙缴府、宋卡府、清莱府、廊开府、那空拍侬府和北碧府），也将因机械的进口关税减免而受益。

中国是纺织服装的机械和技术领域最先进的国家之一。泰国从中国大陆进口的纺织机器数目每年都在增加，目前占泰国纺织机械进口总量的24%。2017年，泰国从中国大陆进口的纺织机器价值达到6550万美元，预计2018年至少达到7000万美元，同比增长7.0%（见图6－18）。

泰国纺织机械的主要来源

泰国从中国大陆进口纺织机械的进口额

图6－18　泰国纺织机械进口情况

资料来源：泰国商务部，经开泰研究中心整理。

在纺织服装业技术进步迅速、竞争激烈的今天，全球的纺织服装企业都开始更加关注新型机器和技术。为了迎合这一趋势，建议泰国经营者重新设计生产结构和商业模式，同时提升员工的技能和专业知识，使他们能够适应未来的技术更新。

纺织服装生产商需要自我调整的另一个方面是：学习如何从电子商务中受益，因为电子商务拥有速度快、便利和产品更容易获得等特点，目前正在为越来越多的消费者和贸易活动提供服务。

有望在中国拓展在线渠道的泰国产品是那些优质、新颖、具有泰国特色而且可靠的产品，例如：

①丝绸、手工梭织面料、靛蓝面料、有机棉等传统泰国面料/织物；

②使用天然材料（大麻纤维、菠萝纤维、竹纤维等）或者独特设计的面料制成的家用面料；

③服装：内衣、运动服或瑜伽、健身时穿的现代运动服。

未来的重点应放在技术性纺织品上，例如纤维、面料、功能性服装或高性能运动服。这些产品还应减少资源使用，在提供健康或药用益处的同时，注意保护环境。这类产品包括时装、运动装、制服和家具用面料。

如今，大多数中国消费者都通过在线渠道关注新闻并搜索能够满足其需求的商品。因此有必要使用在线通信工具去触及新一代的消费者。可以通过中国的热门网站进行在线营销，特别是天猫网（Tmall. com）、京东（JD. com）、淘宝网（Taobao. com）、唯品会（www. vip. com）；优酷、人人网、微博、微信等社交媒体；或者人们最常用的搜索引擎，即百度。经营者还应该了解中国人最喜欢用的在线支付渠道——支付宝和微信支付，这些渠道可以帮到通过中介网站在中国开展经营的外国企业。

此外，经营者还可以考虑增加更多人员负责通过在线渠道与国际客户进行联系，或与中国供应商进行协调，因为中国供应商也许能够协助外国企业与中国客户开展合作。这种联系和协调有助于培养客户与泰国企业开展贸易的信心。

第七章 越南

Vo Thi Minh Le、Nguyen Thi Hong Nga

第一节 越南纺织服装业概况

（一）越南纺织服装业的历史

越南的纺织服装业有着悠久的发展历史。从 19 世纪末开始，全国各地便涌现出大量的传统手工艺村，如河内市的万富（Van Phuc）丝绸生产村、顺化市的锦绣（Cam Tu）刺绣工艺村和太平市的苗旺（Meo）手工梭织村等。然而，直到 1897 年成立的越南第一家纺织厂——南定纺织厂（Nam Dinh textile plant），越南的纺织服装业才算正式形成，并成为国民经济的重要部门。越南纺织服装业的发展可分为四个时期。

1. 1986 年之前：早期阶段

虽然这一时期见证了南定纺织公司（Nam Dinh Textile Company）、8/3 纺织厂（8/3 Textile Factory）、胜利服装公司（Chien Thang Clothing Company）、汤隆服装公司（Thang Long Clothing Company）等企业的建立，但一般认为这还是越南纺织服装业发展的"早期阶段"。这段时期内，越南的纺织服装业拥有以下主要特点：

首先，越南纺织服装业在生产规模和产能方面表现不佳。当地的生产能力只能服务于国内市场，而且产品的质量不佳、设计单调。从社会主义国家进口的大多数机器设备都已过时。此外，在"国家补贴、中央计划"机制的管理下，生产严格遵循中央计划和政府制定的目标，因此制造商缺乏通过创新来提高生产效率和产品质量的动力。

其次，越南纺织品和服装出口额很有限。当时，苏联和东欧国家是越南纺织服装产品的主要出口市场，也是原材料和转让技术的主要供应国。向这些国家主要出口的商品是劳动保护服。

最后，纺织服装业在经济停滞期对创造就业和经济复苏做出了重大贡献。

2. 从1986年到1997年：成形阶段

在这一阶段的早期，越南的纺织服装业面临着一系列挑战。1986年越南开始革新开放，中央计划经济开始向市场经济转型，纺织服装企业在资本、技术和消费基地等方面均出现短缺的情况，而在过去，这些是由中央政府负责分配给企业的。20世纪90年代，苏联和东欧国家——越南纺织服装业的主要原料供应商和出口市场——解体，导致许多纺织企业濒临破产的边缘。在此期间，许多工厂被迫关闭。

这些事件虽然造成了一时困难，但却为越南纺织服装业进入一个新的发展阶段——拥有改革和创新政策的"成形阶段"——创造了动力。例如，《外商投资法》和相关政策促进了外国资金、先进技术和管理技能流入越南的纺织服装业。此外，旨在实现国际关系多边化和多样化的革新开放政策也为越南纺织服装产品进入东盟、日本和欧盟等新出口市场提供了机会，特别是在越南成为东盟、亚欧会议、世贸组织等区域和国际组织的成员之后。

3. 从1998年到2009年：起飞阶段

1998年，越南的纺织服装业获得了前所未有的投资，生产活动异常活跃，从而步入"起飞阶段"。从那时起，越南在加速国际一体化方面做出了巨大努力。后来，越南成为亚太经济合作组织成员（1998年）、世界贸易组织成员（2006年），并与美国缔结了双边贸易协定（2001年）。作为东盟成员国，越南还与中国签署了中国—东盟自由贸易协定（2004年）、日本与东盟经济合作伙伴协议（2008年）等贸易协定。由于明确的区域和国际一体化战略促进了企业的市场拓展，纺织服装业有了外国投资和新技术的流入，而且得以进入新的出口市场，因而获得了丰厚的利润。与此同时，纺织服装业也享受了许多关税优惠待遇，当时，大部分纺织服装产品的关税被立即免除，或计划免除（越南纺织服装协会，2017 年）。

4. 从 2010 年至今：喜忧参半

2007—2008 年国际金融危机和欧洲债务危机的时候，美国、欧洲等主要出口市场经济放缓，对越南的纺织服装业也造成了负面影响。2012 年上半年，越南每月出口订单量较 2011 年同期下降近 30%，对纺织服装业造成了严重损害。与此同时，越南纺织服装业的发展前景光明，出现了很多扩大出口市场的机会。自 2010 年以来，作为东盟成员国，越南成为韩国（《东盟—韩国自由贸易协定》，2010）、澳大利亚—新西兰（《东盟—澳大利亚—新西兰自由贸易协定》，2010）和印度（《东盟—印度自由贸易协定》，2010）的合作伙伴。作为一个独立国家，越南与智利（《越南—智利自由贸易协定》，2011）、韩国（《越南—韩国自由贸易协定》，2015）、欧盟（《越南—欧盟自由贸易协定》，2016）签署了双边协议，而且还签署了《全面与进步跨太平洋伙伴关系协定》（2018）。此外，越南与欧洲自由贸易联盟的自由贸易区谈判①，以及《区域全面经济伙伴关系》《东盟—香港自由贸易协定》和《越南—以色列自由贸易协定》也正在谈判中。然而，越南的纺织服装行业面临着更大的风险，原因如下：新一代自由贸易协定中添加了原产地规则；保护主义抬头；中美之间贸易争端频发（中国产品有可能大量涌入越南，越南出口的产品被征税）；人力资源质量低下；以及与孟加拉国、缅甸、柬埔寨等纺织服装出口国竞争激烈。

---

① 2019 年 6 月 30 日，越南与欧盟正式签署了自由贸易协定和投资保护协定，同意逐步削减至取消双边货物贸易中 99% 的关税。——编者注

（二）越南纺织服装业的发展

1. 在国民经济中的地位和作用

越南的纺织服装业是该国经济中最重要的部门之一，在服务于基本需求的同时创造了大量就业机会。该部门是越南最大的出口收入来源，推动了经济发展，促进了越南实现进出口平衡。目前，越南国内约有9563家纺织品和服装制造公司，下属员工270万名（全国总人口9300多万）。2017年，越南的纺织品和服装出口额增至313.4亿美元，越南也由此成为世界第二大纺织品和服装出口国（见图7-1）。

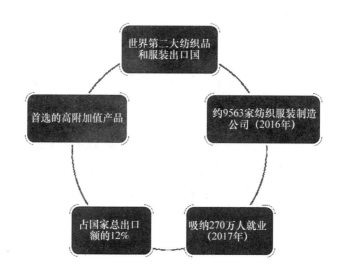

图7-1 越南纺织服装业概况

资料来源：笔者根据越南统计总局的数据整理得出。2017年《越南统计手册》，河内：统计出版社，以及海关总局（2018年）。主要出口数据（每两周统计一次）。

从20世纪90年代末开始，越南的纺织服装业取得了令人瞩目的成就，产出年增长率达到了两位数，并很快成为国民经济的主导产业。然而，近年来，尽管纺织服装企业的净营业额和增长率仍然相当稳定，但无法像2010—2011年那样实现大幅增长，而农业和建筑业都出现了急剧下滑（见图7-2）。

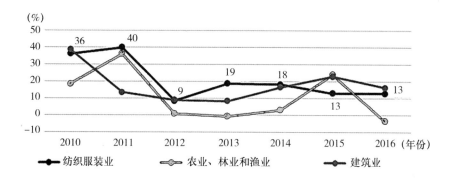

图 7 - 2　纺织服装企业净营业额增长率

资料来源：笔者根据越南统计总局 2011 年、2018 年的数据整理得出。2010 年和 2017 年《越南统计手册》，河内：统计出版社。

纺织服装业是国民经济增长的核心要素，特别是工业生产和出口两方面。1997—1998 年和 2009—2012 年，纺织品和服装一直是越南出口量最大的商品，但 2012 年以来，这一地位已经被电话和手机所取代，但越南仍然是世界五大纺织和服装产品出口国之一。目前，纺织服装业是越南的第二大出口收入来源，占该国出口总额的 12%，仅次于电话、手机及其零部件的出口额占比（近 20%）（见图 7 - 3）。

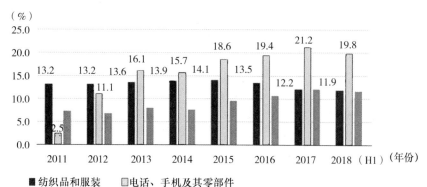

图 7 - 3　对国家出口贡献排名前三的行业

资料来源：笔者根据越南海关总局 2011—2018 年的数据整理得出。主要出口数据（每两周统计一次）。

在 2018 年的前八个月，计算机和电子产品的出口额几乎接近纺织品和服装的出口额，纺织服装业面临丧失其第二地位的风险。尽管纺织服装业在越南经济中占有重要地位，但是随着其他行业的兴起，纺织服装业的地位一直面临着挑战。

2. 工厂

2010—2016 年，越南纺织服装企业数量出现迅速增长，从 2010 年的 5854 家增加到 2016 年的 9563 家，几乎翻了一番。虽然这些企业遍布全国各地，但主要集中在南、北部的各大省市，尤其是河内市、胡志明市、太平省、南定省、同奈省、平阳省（见图 7 – 4）。

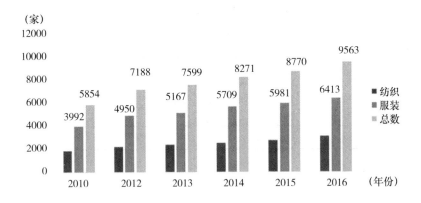

图 7 – 4　越南纺织服装业现有企业的数量

资料来源：笔者根据越南统计总局 2006 年、2011 年、2018 年的数据整理得出。2005 年、2010 年、2017 年《越南统计手册》，河内：统计出版社。

从资本和员工规模可以看出，越南的大多数纺织服装企业是中小企业，甚至是超小型企业。按资本规模计算，越南 36% 的纺织服装企业注册资本为 10 亿—50 亿越南盾，12% 为 50 亿—100 亿越南盾，20% 为 100 亿—500 亿越南盾，19% 低于 10 亿越南盾，其余 13% 超过 500 亿越南盾。从员工规模来看，越南 85% 的纺织服装企业员工人数不足 200 人，其中超过 1/4 的企业员工人数少于 5 人（见图 7 – 5）。数据显示，超小型企业在越南的企业中所占比例很大；而有能力扩大生产和采用先进技术的大型企业数量有限。

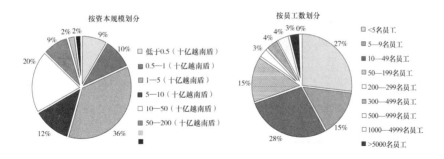

图 7 - 5　企业结构（按资本和员工规模划分）（2016 年）

资料来源：笔者根据越南统计总局 2018 年的数据整理得出。2017 年《越南统计手册》，河内：统计出版社。

2010—2017 年，越南的纺织服装业实现了纤维、面料和服装吞吐量的逐年增加；纤维和服装的产量分别增加到近三倍和两倍，而面料的产量略有提升（见表 7 - 1）。

表 7 - 1　　　　2010—2017 年越南纺织品和服装的吞吐量

年份	2010	2011	2012	2013	2014	2015	2016	2017
纤维（千吨）	810.2	967.1	1152.8	1321.9	1560.0	1905.3	2180.4	2407.1
面料（百万平方米）	1176.9	1238.3	1251.7	1239.4	1346.5	1525.6	1700.7	1838.5
服装（百万件）	2604.5	2975.3	3144.1	3424.0	3706.5	4320.0	4530.0	4807.9

资料来源：https：//www.gso.gov.vn/default_en.aspx？tabid=779。

3. 人力资源

根据越南统计总局 2018 年的统计数据，在此前十年中，纺织服装业也为越南的劳动力就业做出了重大贡献。越南纺织服装业每出口 10 亿美元，便可以额外创造 25 万个就业岗位。越南纺织服装协会 2017 年年报显示，2017 年越南纺织服装行业的工人数量约 270 万人，比 2016 年的 250 万人略有增加（见图 7 - 6）。电子行业是越南增长最快的行业之一，但该行业的工人数量也仅有 50 多万人。然而，由于工资偏低，越南的纺织服装企业仍面临劳动力短缺的问题。同时，由于工资增长导致了生产成本和产品价格过高，因此企业也不愿意涨工资，进一步影响企业竞争力，形成恶性循环（见图 7 - 7）。

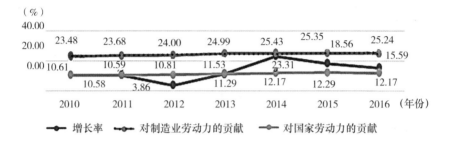

图 7 - 6　就业增长及其在全国就业中所占的份额

资料来源：笔者根据越南统计总局 2018 年的数据整理得出。2017 年《越南统计手册》，河内：统计出版社。

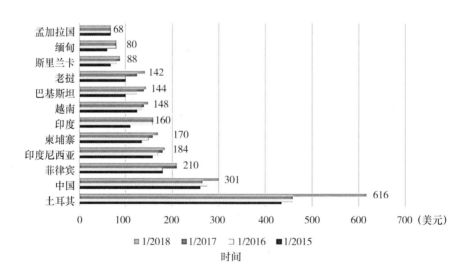

图 7 - 7　亚洲纺织品和服装生产国的最低工资

资料来源：笔者使用对越南纺织服装协会的访谈收集到的数据整理得出。

对比越南和亚洲其他一些国家纺织服装业的最低工资可以发现，越南的工资仍然相对较低。越南的最低工资略高于巴基斯坦、老挝、斯里兰卡、缅甸和孟加拉国，但低于柬埔寨、印度尼西亚和菲律宾等东盟国家。2017年，越南的最低工资仅为中国薪资水平的一半，不到土耳其薪资水平的1/3（见图7-7）。低工资可能会导致招工困难和随处可见的跳槽现象。

4.技术

总体而言，越南的纺织服装业高度集中于裁剪、车缝、整熨（CMT）环节，属于劳动密集型而非技术密集型活动。虽然日本、韩国等高科技国家的外国投资者在越南投资开展越来越多的纺织品和服装项目，但主要是为了利用当地的廉价劳动力。从这个意义上讲，越南纺织服装业的技术水平还很有限（见表7-2、表7-3）。

表7-2　　　**纺织服装企业的数量（按技术投资规模划分）**

2010 年	纺织品	57	23	12
	服装	110	22	·4
2013 年	纺织品	58	21	13
	服装	136	28	9
2015 年	纺织品	120	77	52
	服装	116	73	67

资料来源：Tran Van Anh（2017）。影响纺织服装企业技术进步的因素，越南经济研究所年度项目。

表7-3　　　**越南纺织服装业的技术进口情况（按原产地划分）**

纺织品	7	30	15	13	11
服装	6	23	59	20	17
纺织品	7	25	19	15	12
服装	5	46	61	20	26
纺织品	39	78	34	43	34
服装	6	66	84	50	31

资料来源：Tran Van Anh（2017）。影响纺织服装企业技术进步的因素，越南经济研究所年度项目。

不过，近年来，越南企业增加了技术研发方面的投资。在技术研发方面投资较多（超过 10 亿越南盾）的纺织服装企业迅速增加，特别是在 2013—2015 年（见表 7 - 2）。技术主要从日本、中国和韩国进口，比例高于国内供应商。

第二节　越南纺织服装业在全球
价值链中的位置

（一）越南纺织服装业参与全球价值链的情况

1. 越南纺织服装业五大环节在全球价值链中的位置

依托政府支持和全球贸易伙伴网络，包括美国、欧盟、日本和韩国等传统市场，以及中国、俄罗斯、柬埔寨和缅甸等潜力较高的市场，越南的纺织服装业近年来发展迅猛，增长率显著提升。但从长远来看，该行业仍面临着与可持续发展相关的一系列挑战。为了实现可持续发展，越南必须努力发展国内供应链，更加深入地参与全球价值链，特别是高附加值环节。

为了分析越南纺织服装业参与全球价值链的情况，笔者借鉴了 Kaplinsky（2000）以及 Gereffi 和 Memedovic（2003）关于价值链的理论；Gereffi 的供应链理论（2001）和 Mudambi 的"微笑曲线"理论（2008）。基于这些理论，全球纺织服装价值链包括五个主要环节，即设计、原料供应、裁剪和车缝、出口、营销和分销。下一节描述将越南在全球纺织服装价值链中的地位，并确定其在每个环节的参与度。在此基础上，笔者将探讨越南在各个环节上的优势和劣势，并在最后提出一些政策建议。

2. 设计

设计是全球价值链中产生高利润率和高附加值的环节；不过，越南纺织服装企业在这一环节表现欠佳。由于时装设计能力有限，越南企业无法建立自己的品牌。大多数纺织品和服装产品都是在法国、英国和美国等世界时装中心设计的，然后转回越南进行加工和制造。根据越南纺织服装协会（2017）的数据，就生产方式而言，

ODM（Original Design Manufacturer，原始设计制造商）约占纺织品和服装出口总量的9%，而OBM（Own Branding & Manufacturing，自有品牌生产）仅占1%。不过，一些越南公司在国内和国际市场上拥有自己的品牌和自己的设计，例如28 Corporation有Belluni品牌，Viet Tien服装公司有San Sciaro和Manhattan品牌，Viet Fashion Corporation有Ninomaxx品牌，此外，还有An Phuoc Clothing、Embroidery and Shoes Company等。某些越南产品甚至处于全球市场的高端地位，但这些产品的产量仍然有限（见图7-8）。

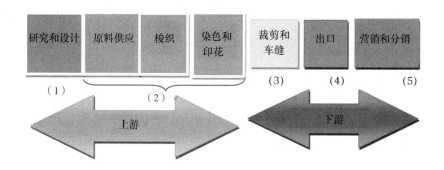

图7-8 纺织品和服装的全球价值链

3. 原材料的供应

这是支持纺织服装业的最初环节，属于土地和资本密集型环节。然而，这也是越南纺织服装价值链中最薄弱的环节。2017年，越南国内生产的原料供应仅能够满足近1%的棉花需求和30%的纱线需求。虽然越南纱线年产量超过200万吨，纱线总产量的80%用于出口，而且有意思的是，越南还要进口差不多数量的纱线，其中约43%来自中国大陆，20%来自韩国，15%来自中国台湾，其余来自其他市场。值得注意的是，用于制作出口服装的面料有80%以上来自进口，其中50%来自中国大陆，18%来自韩国，15%来自中国台湾（越南纺织服装协会，2017）。2018年前四个月，越南棉花、纤维、纱线和面料的进口总量与2017年同期相比大幅增加，其中棉花进口量增长 22.3%，进口额增长 25.2%；纱线进口量增长 13.5%，进口额增长 25.4%；面料进口额增长 12.9%。之所以会有这些限制和矛盾，有以下几点原因：国内配套产业尚显不足；企业只是关注如何加工产品，而材料是由客户指定或在国内市场没有供应；以及越南政府出台的不同配套产业发展政策之间存在矛盾。

（1）棉花、纤维和纱线的供应

棉花种植和纺纱是纺织服装价值链的第一个环节，为后续环节（包括梭织、染色和车缝）提供原材料，发挥着至关重要的作用。在越南，每年的棉花产量无法满足纺织服装业在数量和质量上的需求。特别是在 2012—2017 年，由于棉农减产，越南棉花产量急剧下降。因此，仅有 1/10 的棉花种植区是为纺织服装业服务的，而且棉花种植主要集中在中部高地。近年来，国内棉花产量仅能满足约 1% 的市场需求，其余均需进口，供纱线生产之用。棉花主要从美国、印度和巴西进口；纤维来自中国台湾、泰国、韩国、中国大陆和印度尼西亚。在 2018 年的前四个月，越南进口了超过 53.2 万吨的棉花，比 2017 年同期增长了 22.3%（越南纺织服装协会，2018）。

越南的棉花和纱线行业不够发达有以下几方面的原因：种植面积有限；土壤条件不适宜；与咖啡、腰果和橡胶等农产品相比，种植棉花不具备竞争优势。与中国、印度和美国等棉花生产大国相比，越南在棉花种植方面没有什么优势。例如，美国每年的棉花产量达到 855 磅/英亩，相当于 960 千克/公顷，而越南的棉花产量约为 400 千克/公顷。越南出口的纤维和纱线所用的棉花几乎全部来自进口（Le Hong Thuan，2017）。

在纺纱行业，越南约有 750 万只纺锤（全世界共有 2.5 亿只）和 1 万只纺纱转子，每年可产出 205 万吨纱线。越南的纺纱工业仅占世界纺纱总产能的 2.5%。然而，2017 年，越南各类纱线出口量达到 130 万吨，其中棉纱出口量占 64%（见图 7-9）。

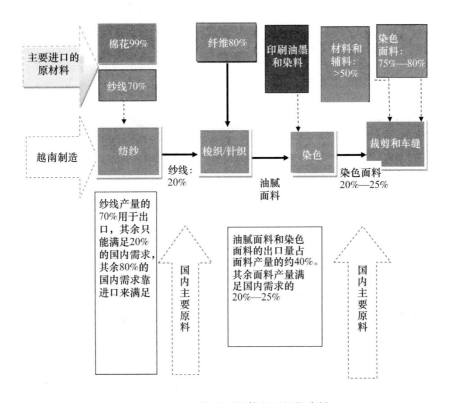

图 7 - 9　2017 年纺织服装业原料供应链

资料来源：笔者根据越南财政部、工业和贸易部、越南纺织服装协会、越南国家纺织服装集团和越南棉纺织协会的专家访谈和报告整理得出。

纱线出口之所以能够实现快速增长，是因为：第一，越南纱线行业已经取得了投入成本的竞争优势，例如，低于其他国家的劳动力工资和电价。越南的最低工资为 114—165 美元/月，远低于印度、巴基斯坦、中国、土耳其和印度尼西亚。此外，越南的电价（0.07 美元/千瓦·时）低于其他国家（如印度、巴基斯坦、中国、土耳其和印度尼西亚）。第二，全球纱线需求不断增加。由于一些国家对从中国、巴基斯坦和印度尼西亚进口的纱线征收关税，因此越南有机会进入全球纱线市场。2016 年，越南出口了全国天然纤维总产量的 65%，其中 62.5 万吨出口到中国，占天然纤维出口总量的 84%。不过，越南棉纺织协会的数据显示，中国持有约 1100

万吨棉花的库存，这些棉花面临着释放出库的压力。如果中国向市场释放棉花储备，越南对中国的纱线出口将受到严重影响（见表 7 - 4、表 7 - 5）。

表 7 - 4　　　　　　　2013—2017 年越南纱线行业的产能

年份	2013 年	2014 年	2015 年	2016 年	2017 年
纺锤数量	6000000	6100000	6300000	7000000	7500000
纺纱转子数量	103348	103348	103348	103348	103348
以棉花、涤纶和人造丝为原料的纱线产量	720000	930000	990000	1550000	2050000
纱线出口量（吨）	720000	858500	961800	1167000	1300000
纱线进口量（吨）	695000	740000	791800	861400	904000
面料产量（十亿平方米）	1.3	1.5	1.7	2	2.3
进口面料价值（十亿美元）	8.3	9.4	10.2	10.2	10.7

资料来源：越南棉纺织协会和海关总局。

表 7 - 5　　　　　　　各国纱线生产成本比较

国家	最低工资（美元/月）	电价（美元/千瓦·时）
越南	114—165	0.07
印度	395	0.12
巴基斯坦	200	0.10
中国	151—330	0.11
土耳其	333—433	0.08
印度尼西亚	248	0.11

资料来源：Le Hong Thuan（2017）和越南纺织服装协会（2018）。

虽然越南生产大量纱线，但每年服装业所用的 80% 的面料都来自进口。2017 年，越南纱线产量超过 200 万吨，其中 130 万吨用于出口，占总产量的 2/3 以上。原因有以下几点：第一，纱线出口似乎比国内销售利润更高。在国内市场，纱线主要由越南国家纺织服装集团生产，并直接销售给下属的梭织和染色公司作为其原料；而出口的纱线主要由私营企业和外商直接投资企业生产。根据对越南北部一家纱厂的调查，出口到中国的纱线运输成本为 0.3—0.35 美元/千克，交货时间为 4—5 天，而运送到胡志明市的运输成本和交货时间分别为 0.6 美元/千克和 10—20 天（Le Hong Thuan，2017）。第二，越南旨在发展出口加工型的纺织服装业。原材料供应商主要由订货方指定，因此纱线生产企业极少参与寻找合适的供应商，这样不利于越南企业自主地把握面料的质量和数量水平，并最终对服装全行业产生消极影响。第三，由于越南的染整行业不够发达，因此某些纤维只能出口。

（2）梭织、染色和整理

这是服装行业原材料供应的一个重要部分；然而，越南的染整行业仍然相当不发达。越南的梭织、印刷、染色和整理行业生产能力比该地区其他国家低了 20%，尤其是染色行业。在染色行业，越南 30% 的机器已经有 20 多年的历史，需要更新换代。这些问题导致纺织服装业的生产率非常低，仅为中国的 30%（越南中央经济管理研究院，2008 年）。梭织行业的产量无法满足服装行业的需求，导致越南多年来进口各类面料的数量骤增。事实上，由于国内面料产量仅有 17 亿米，因此越南还需进口 70 亿米的面料（越南工业和贸易部，2017 年）。

梭织和染色行业之所以羸弱，有以下几点原因：

第一，梭织和染色技术技巧不仅有限，而且已经过时。大多数机器设备都不符合行业要求和环保标准。因此，一些企业只能出口未经染色的面料，然后进口加工过的面料用于服装制造。

第二，梭织和染色行业需要大量的资金投入。越南国家纺织服装集团总经理表示，在越南，企业只需要在服装工人身上投资 3000 美元（包括人力和技术），但如果是纤维或染色工人，就要超过 20 万美元。因此，想要进军这个行业的企业需要准备大量的资金。但是，越南统计总局 2017 年的数据显示，越南的现有企业大多都是中小型企业，甚至是超小型企业。在这种情况下，企业如果要投资梭织和染色行业可能面临资金和人力资源方面的诸多困难，对于小型企业而言更是如此。

第三，政府出台的政策一方面鼓励发展梭织和染色行业，另一方面又限制造成环境污染的行业，两种政策之间存在冲突。近年来，中央政府、工业和贸易部和地方当局多次推出各种优惠政策，鼓励企业投资纺织服装业配套产业。因此，大部分企业都投资了服装业，而投资梭织和染色行业的企业占比很小。由于印染企业需要使用大量化学品，因此可能面临许多环境问题，需要建立标准的废水处理系统。然而，地方当局一直不愿意批准梭织和染色项目，主要是出于保护河流和溪流中当地水资源的目的，担心环保不达标造成环境污染。例如，由于担心对环境造成不利影响，岘港市有关部门拒绝了一家中国企业总投资 2 亿美元的梭织、染色和服装项目。此前，同奈省、巴地头顿省等的地方当局已经将梭织、染色和服装项目划归为不受欢迎的投资项目（企业新闻，2018）。香港支持下的 TAL 集团的纺织和染色项目（投资 3.5 亿美元）也属于同样的情况。尽管该项目获得了永福省人民委员会的支持，而且越南纺织服装协会、越南自然资源与环境部等政府机构也对其经济效益和是否完全符合环保标准进行过评估，但在经过近四年的筹备后，项目最终还是被否决。

第四，梭织和染色行业各企业之间的联系非常薄弱，处于不同环节的企业往往各行其是，相互之间没有什么联系。因此，企业间需要加强合作，例如，拥有现代技术的梭织企业应与高绩效的染色企业合作；生产同类产品的外商直接投资企业之间需要加强联系，交流技术、经验和管理技能等（Dinh Cong Khai 和 Dang Thi Tuyet Nhung，2011）。

4. 裁剪和车缝

越南目前处于全球纺织品和服装价值链的低端。2017 年，越南出口导向的服装生产主要来自裁剪、车缝和整熨（CMT），产出值占 65%，而包工包料（FOB）、设计加工（ODM）和自有品牌生产（OBM）的产出占比分别是 25%、9% 和 1%（越南纺织服装协会，2017 年）。与此同时，越南在高附加值领域（包括研发、品牌、设计、分销和营销以及售后服务）的参与度仍然很低。

　　由于设计环节不够发达，通过 ODM 和 OBM 模式生产的产量分别仅占总产量的 9% 和 1%，越南的纺织服装业主要涉及全球供应链中的裁剪和车缝环节，这主要因为越南拥有大量劳动力，而且成本低廉。此外，由于越南企业大多是根据客户样本而非自己的设计进行外包生产，因此其利润仍然很低。具体而言，外包企业的利润仅占服装产品市价的 2.6%，品牌利润占 5.7%，研发等管理成本占 24.8%，生产成本占 5.7%，企业税占 2.5%，运输成本、保险和关税占 1.1%，零售商价格占 50%。从这个意义上讲，越南参与了全球价值链中劳动密集程度最高的部门，但利润很低（Le Hong Thuan，2017）（见图 7 – 10）。

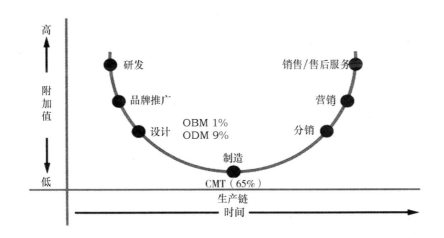

图 7 – 10　纺织品和服装价值链中的附加值

资料来源：笔者根据 R. Mudambi《知识密集型产业的定位、控制和创新》，《经济地理学杂志》2008 年第 5 期整理得出。

　　这种模式主要原因在于：越南企业只能为出口导向型生产供应面料，地位较为被动，而且没有设计和品牌营销能力。越南每年必须进口大量原料，其中50%是用于支持服装业的材料和辅料。2017年，包括面料在内的投入材料进口额达115亿美元，服装出口额达260亿美元。面料主要从中国大陆、韩国、中国台湾和日本进口，市场份额分别为53%、18%、14%和6%（见图7-11）。

单位：百万美元

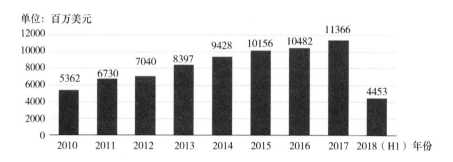

图7-11　2010—2018年越南的面料进口总额

资料来源：笔者根据越南海关总局（2018）的数据整理得出。进口统计数据（按国家/地区）——主要进口商品。

由于很少在本地采购原材料，越南的服装产品与其他国家相比没有什么竞争优势。从接受订单到交付给合作伙伴的时间大约为110天，但也取决于距离远近（见图7-12）。

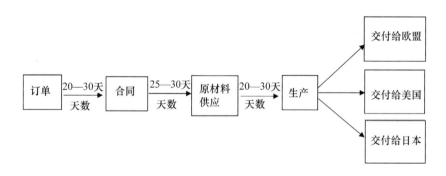

图7-12　越南纺织服装业的交付周期

资料来源：Ha Thi Lien：《利用宏观金融工具促进越南出口导向型服装业的竞争力》，博士学位论文，2018年。

5. 出口

近年来，虽然出口额增长迅猛，出口市场也在迅速扩大，但出口的纺织品和服装产品大都是采用 CMT 模式生产的，附加值非常低。在越南，使用 FOB 模式生产的纺织品和服装产品比例很小，其中大多数企业采用 FOB I 模式，即原料要从客户指定的供应商处购买。这是因为越南的企业很难从当地采购原材料，难以找到买家指定原材料的确切来源，而且还面临违约风险（Ha Van Hoi，2012）。与此同时，越南出口商易受以下因素的影响：第一，印度、巴基斯坦和中国等国的竞争；第二，世界市场的不断变化；第三，出口市场关于进口纺织品和服装产品的规定。因此，越南的纺织服装业只涉及一些基础环节，尤其是越南可以充分利用其劳动力优势的环节。

6. 营销和分销

营销和分销也是越南纺织服装业的薄弱环节。主要是因为越南的外包订单采用了 CMT 模式和 FOB I 模式，因此，很少有企业能够成功建立自主品牌，并与全球零售商建立联系。此外，越南还没有将纺织服装业发展成自己的民族品牌。因此，除了零售店之外，仍然缺乏涵盖国内和国外两个市场的广泛分销渠道系统。此外，各企业在营销方面的协调欠佳，难以形成国内市场的内部竞争。同时，越南纺织服装业的设计环节还不发达，因为行业内的企业大多是根据外国客户设计的样本进行外包生产的。

7. 越南纺织服装业的进出口情况

目前，越南与世界上 180 多个国家和地区建立了纺织品和服装贸易关系。

出口方面，2017 年越南纺织品和服装出口额增至 313.4 亿美元，2018 年上半年出口额达到 162.5 亿美元。过去 10 年里，由于国内改革和全球市场的冲击，越南纺织品和服装出口增长率出现大幅波动；但总体而言仍呈显著的增长趋势，出口额从 2009 年的 90.7 亿美元飙升 3.5 倍至 2017 年的 313.4 亿美元（见图 7 - 13）。

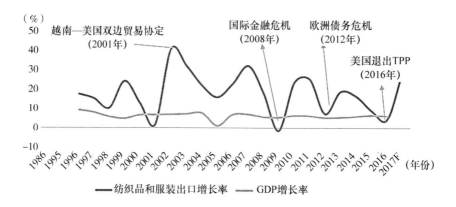

图 7 - 13　1986—2017 年纺织品和服装出口增长率

资料来源：根据越南统计总局、海关总局和 FPTS 证券的数据整理得出。

值得注意的是，在纺织服装出口方面，外商直接投资企业对本土企业有着压倒性优势。在过去 10 年中，外商直接投资企业每年贡献了该国纺织品和服装出口总额的 57%，而事实上，这类企业仅占该行业企业总数的 1/4。也就是说，越南的纺织服装业严重依赖外商直接投资企业，因为这些企业拥有稳定的资本流入、技术转让和母公司的采购订单等优势（见图 7 - 14）。

图 7 - 14　纺织品和服装出口情况及主要出口商品

资料来源：笔者根据越南海关总局 2014—2018 年的数据整理得出。主要出口数据（每两周统计一次）。

越南纺织服装业主要出口的商品包括：纺织品和服装、纤维、纱线、材料和辅料。2017 年纺织品和服装出口额达到 260 亿美元（占纺织服装业出口总额的 83%），其次是纱线，出口额 36 亿美元（12%），再次是材料和辅料，出口额 17 亿美元（5%）。2018 年前五个月，纺织品和服装出口总额估计超过 130 亿美元，较前年同期增长16.48%（见表 7 - 6）。

表 7 - 6　　　　　　越南纺织服装业进出口平衡情况　　单位：百万美元

编号	商品	2018 年 5 月*	与 2018 年 4 月相比（%）	与 2017 年 5 月相比（%）	2018 年前五个月*	较 2017 年前五个月的增长率（%）
1	纺织服装业出口总额	2896	12.63	22.59	13260	16.48
	纺织品和服装	2201	9.67	14.16	10277	9.25
	面料	154	41.28	46.67	638	31.55
	纤维、纱线	386	23.72	26.97	1628	18.66
	非梭织面料	46	2.22	15.00	223	13.20
	材料和辅料	109	10.93	20.66	494	21.17
2	纺织服装业进口总额	2120	16.34	13.65	8829	15.86
	棉花	275	18.53	13.85	1269	24.54
	不同类型的纤维、纱线	134	-25.97	-20.30	956	31.02
	面料	1355	23.29	18.83	5129	14.60
	材料和辅料	356	14.77	12.83	1475	5.62
3	进口转出口	1765	18.81	17.45	7237	18.78
4	进出口平衡（1-3）	1131	4.17	31.58	6024	13.84
5	附加值（4/1）（%）	39.0	-3.2	2.67	45.4	-1.1

注：*表示该数据为估算值。

资料来源：越南纺织服装协会（2018 年）。经济新闻—纺织服装业（2018 年 6 月刊）。

在纺织品和服装方面，2017 年有 8 种主要商品出口额超过 10 亿美元，包括 T 恤衫（出口额为 56.3 亿美元，同比增长 19.6%）、夹克（51.2 亿美元，同比增长 4.1%）、裤子（45.7 亿美元，同比增长 12.7%）、童装（17.3 亿美元，同比增长 15.7%）、衬衫（360 亿美元，同比增长 1.5%）、裙子（13.1 亿美元，同比增长 2.4%）、内衣（12.5 亿美元，同比增长 20.5%）和面料（10.7 亿美元，同比下降 0.65%）。

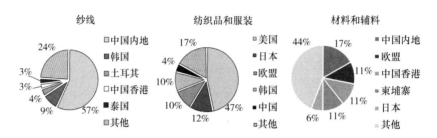

图 7 - 15　2017 年越南纺织服装业的主要出口市场

资料来源：笔者根据越南海关总局 2018 年的数据整理得出。进口统计数据（按国家/地区划分）——主要进口商品。

出口市场方面，2017 年，中国内地是越南最大的纱线出口市场，占 57% 的市场份额，其次是韩国、土耳其、中国香港和泰国，分别占 9%、4%、3% 和 3%。美国仍然是越南最大的纺织品和服装出口市场，占据 47% 的份额，而日本位列次席，占 12%。在材料和辅料方面，中国内地也是越南最大的出口市场，占 17% 的份额，而欧盟和中国香港并列第二，各占 11%（见图 7 - 15）。

进口方面，在 2018 年的前四个月，越南的纺织品和服装进口额达到 84.3 亿美元，而 2017 年的总进口额约为 210 亿美元，与 2009 年相比增长了近三倍。越南的纺织品和服装生产在很大程度上取决于进口材料，越南在该领域创造的附加值非常低。在 2018 年的前五个月，粗略估计附加值达到了 46%，同比减少了 1.1%。该部门在 2018 年的前五个月进口了超过 50 亿美元的面料、12 亿美元的棉花和约 15 亿美元的材料和辅料（见图 7 – 16）。

图 7 – 16 越南的纺织品和服装进口情况

资料来源：笔者根据越南海关总局 2010—2018 年的数据整理得出。主要进口数据（每两周统计一次）。

图 7 – 16 显示，2013—2017 年，外商直接投资企业的进口额占越南纺织品和服装进口总额的 65%。越南纺织服装业的进出口活动似乎被外国公司所主导，而越南本国公司则只能为外国合作伙伴提供外包生产和出口服务。

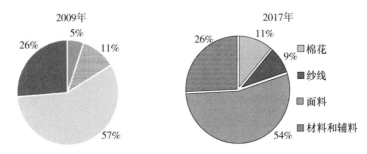

图 7 – 17 2009 年和 2017 年纺织服装业进口商品的结构

资料来源：笔者根据越南海关总局 2010 年、2018 年的数据整理得出。主要进口数据（每两周统计一次）。

越南纺织服装行业的主要进口商品是原材料，其中面料占比最大（54%），其次是材料和辅料（26%）、棉花（11%）和纱线

（9%）。自 2009 年以来，进口商品的结构保持不变，其中面料一直是主要进口商品，其次是材料和辅料，然后是棉花和纱线（见图 7 - 17）。

中国是越南原材料进口的最大供应国，占越南纺织服装业进口总额的 42.7%。2017 年，越南从中国进口纺织服装材料的总价值达到 90 亿美元，同比增长 12%。虽然美国是越南进口棉花的最大供应国，市场份额超过 50%，但中国仍是越南最主要的纱线、面料、材料和辅料供应商，占据主导地位（见图 7 - 18）。总体而言，中国大陆、韩国、中国台湾和日本是越南进口面料以及材料和辅料的最大供应地，两项分别占 91% 和 65%。

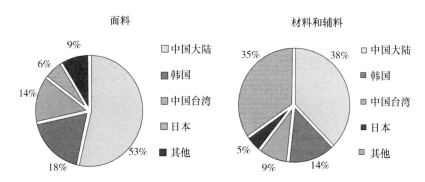

图 7 - 18　2017 年越南纺织服装业的主要出口市场

资料来源：笔者根据越南海关总局 2018 年的数据整理得出。进口统计数据（按国家/地区）——主要进口商品。

8. 越南纺织服装业吸引投资的情况

外商直接投资是越南纺织服装业最重要的投入之一。2012—2016 年，越南的纺织服装业吸引了来自 26 个国家和地区的 228 个项目，外商直接投资总额达到 49.81 亿美元，其中韩国和中国台湾的投资总额近 20 亿美元。在 2014 年和 2015 年达到峰值并打破所有纪录后，越南纺织服装业的外商直接投资有所放缓。2017 年，越南纺织服装业的注册资本总额达到 849.63 亿美元（见表 7 - 7）。

表7-7　　　　　　　2017年越南纺织服装业的外商直接投资

国家/地区	注册资本（百万美元）	项目数	国家/地区	注册资本（百万美元）	项目数
韩国	178.16	44	英国	3.2	3
中国大陆	121.85	24	新加坡	3	2
中国香港	83.4	13	卢森堡	2.23	1
日本	64.63	10	百慕大	2	1
中国台湾	51.09	7	伯利兹	1	1
英属维尔京群岛	51	2	加拿大	1.17	1
马来西亚	40	1	西班牙	1	1
萨摩亚	33	5	印度尼西亚	0.68	1
澳大利亚	25.68	5	尼日利亚	0.15	1
法国	23.47	1	塞浦路斯	0.02	1
美国	15.8	2	意大利	0.05	1
塞舌尔	14	4	丹麦	0.04	1
总计	716.63			133	

资料来源：笔者使用越南纺织服装协会的访谈收集到的数据整理得出。

就各城市/省份外商直接投资的分布而言，平阳省吸引的外商直接投资项目最多，总计26个（2017年），而西宁省吸引的外商直接投资金额最大，总计1.3955亿美元，占越南纺织服装业外商直接投资流入总额的近20%。表7-8显示，吸引外商直接投资最多的前5个城市/省份位于南部（海阳省除外）。

虽然越南纺织服装业的外商直接投资项目数量有限，但这些项目大部分规模较大，可以通过扩建工厂、建立新的大型工厂等方式来推动大规模生产。此外，越南有望签订《越南—欧盟自由贸易协定》和《全面与进步跨太平洋伙伴关系协定》等新的自由贸易协定，预计将吸引来自这些经济体的外商直接投资越南。

表7-8   2017年越南各省纺织服装业的外商直接投资分布情况

城市/省份	注册资本 (百万美元)	项目数	城市/省份	注册资本 (百万美元)	项目数
西宁省	139.55	9	河南省	1.56	2
同奈省	102.8	8	兴安省	5.7	2
平阳省	91.26	26	清化省	2.5	1
海阳省	58.95	4	义安省	0.5	1
广义省	50	2	海防市	0.5	1
胡志明市	40.26	15	宁平省	7.8	1
隆安省	34.23	20	平定省	1.17	1
岘港市	29.47	4	广南省	2.5	1
太平省	27.06	3	前江省	4	1
平福省	20.86	5	永福省	15	1
南定省	16.23	7	茶荣省	9.91	1
河内市	6.7	6	朔庄省	20	1
北宁省	7.53	4	北江市	2	1
平顺省	5.9	2	林同省	10	1
巴地头顿省	2.7	2	总计	716.63	133

资料来源：笔者使用越南纺织服装协会的访谈收集到的数据整理得出。

（二）越南纺织服装业在全球价值链中的位置：企业分析

在所有制类型和企业规模方面，越南的大多数纺织服装企业是资本和劳动力较为有限的中小企业和超小型企业，而大型企业包括国有企业（如越南国家纺织服装集团）和外商直接投资企业。在中小企业中，私营企业仍然占据主导地位，并且自2007年以来数量一直在增长，而国有企业和外商直接投资企业的数量仅占一小部分。

在地理位置方面，2/3的纺织服装企业位于南部，28.7%位于北部，7.9%位于中部。企业所在地大多地理位置良好，基础设施完善，便于前往主要机场（内排国际机场或新山一国际机场）和海港（海防港或西贡港）（Nguyen Huong Tra，2016）。

自"起飞阶段"以来，越南一直处于全球纺织价值链的低端。纺织服装企业在全球价值链中的参与度仍然非常低，因为它们的外包主要采用创造附加值最低的出口模式，包括 CMT 模式或 FOB I 模式（从客户指定的供应商处采购原材料）。同时，由于以下原因，越南很难实施基于 FOB Ⅱ 模式和 FOB Ⅲ 模式的外包订单：第一，企业无法确保投入材料的数量和质量；第二，企业的生产周期较长，因为以它们的能力，只能管理至少提前 6 个月下的订单；第三，财务资源不足，难以解决合同结束前可能出现的风险。

Sai Gon 2 服装公司的董事长 Ngo Trung Kien 先生强调指出，越南企业在供应链中处于被动地位。特别是，企业只关注容易进入且自身具有优势的细分市场，而不考虑市场需求。此外，越南企业也未能解决当地原材料短缺的问题。以 Sai Gon 2 服装公司为例，该企业对原材料的总需求量约占当地供应量的30%，而其余的70%来自进口。越南企业只能提供拉链、纽扣这种简单的材料和辅料，但是高端、复杂的材料就需要进口（企业新闻，2017）。

目前有几家公司采用了 FOB 模式，如 Viet Tien 服装公司、Nha Be 服装公司和 Phong Phu 公司。与此同时，一些越南企业扩大了纺纱能力，如世纪合成纤维公司（Century Synthetic Fiber Corporation）、Thanh Cong 纺织品服装投资贸易合资公司和越南国家纺织服装集团。以 Viet Tien 服装公司为例，2017 年，其年收入跃升至8.36 万亿越南盾，同比增长13%，超出原计划7%。Viet Tien 服装公司在老挝开设了近 20 家店铺，在缅甸开设了 6 家店铺（越南棉纺织协会，2018）。为了不仅仅依赖于某一个市场，Viet Tien 服装公司在重塑公司品牌的同时，积极努力打入新市场，目的是提升其在国内市场的份额并实现利润最大化和可持续发展。不过像 Viet Tien 服装公司这样成功的企业为数尚不多。

越南的纺织品和服装企业大都从河内或胡志明市的主要国际

品牌的区域供应商或代表处获得加工订单，但很少能拿到直接来
自零售商（全球买家）的订单。零售买家大多从他们长期合作的
大型区域服装制造商处订购，而这些大型区域服装制造商的总部
大都位于香港。从这个意义上讲，贸易商（主要来自香港）在越
南供应商和全球零售商之间发挥着关键作用，这些全球零售商主
要来自欧盟、日本和美国，他们拥有国际领先品牌、超市、批发
商和零售商店。很多企业通过外商直接投资企业或者其在越南的
合资企业在香港组织生产，或将订单转给越南的制造企业。这样
一来，便可以降低零售商的连锁经营成本（N. Khalid,
J. T. Thoburn, 2004）。美国顶尖零售商都通过香港的贸易商在越
南发展供应链，以期降低交易成本。外商直接投资企业很少与越
南的国际买家直接接触，因为销售是通过其在中国香港、中国台
湾和韩国的供应商办事处进行管理的。因此，越南获得外包订单
的机会在很大程度上取决于办事处、区域制造商和批发商（Dinh
Cong Khai 和 Dang Thi Tuyet Nhung, 2011）。

之所以会有这种限制，很大程度上是因为分销体系不够发达，
企业严重依赖区域制造商和越南国际品牌办事处来接受订单。由
于无法接触到最终消费者，私营公司大半不知道他们的产品最终
被运往哪个市场。同样的，越南和中国台湾的合资企业以及胡志
明市的一些甚至与韩国和中国台湾贸易商有关系的中小企业，并
不知道他们的最终消费者。此外，由于越南的纺织品和服装企业
无法接触到最终的零售商，导致其难以了解市场需求，无法根据
消费者不断变化的需求和时尚趋势快速做出响应（N. Khalid,
J. T. Thoburn, 2004）。

上游行业的弱点导致越南企业（采用 FOB Ⅱ 模式、FOB Ⅲ 模
式、ODM 模式和 OBM 模式）在落实高附加值订单时显得很被动。
因此，拥有自主品牌的企业仍然不多，这给越南企业与零售商（全
球买家）之间的接触带来了诸多困难。"越南的纺织服装企业在全
球价值链上几乎没什么地位"，越南国家纺织服装集团的副总裁
Dang Thi Phuong Dung 如此说道（Nguyen Huong Tra, 2016）。

第三节 越南纺织服装业参与澜湄
合作的情况

（一）越南纺织服装业在澜湄合作中的作用和地位

1. 投资

截至 2017 年年底，越南从澜湄地区的四个国家吸引了近 215 亿美元的外商直接投资，用于开发 2334 个项目（项目总投资 3196 亿美元）。在这四个国家中，中国和泰国是越南最大和最主要的外商直接投资者，总投资额分别为 120 亿美元和 93 亿美元。从这个角度讲，澜湄地区的投资有两大问题。首先，这些数字与韩国（578 亿美元和 6549 个项目）和日本（493 亿美元和 3607 个项目）相比，似乎还相对较小（越南统计总局，2018 年）。其次，虽然来自韩国和日本的外商直接投资主要集中在制造业（企业新闻，2017b），但来自泰国的外商直接投资主要用于工业基础设施以及批发和零售贸易，而来自中国的外商直接投资主要用于纺织品和服装、皮革和鞋类、纱线、热电和矿产资源开发等（Nguyen Chau Giang，2017）。因此，韩国、中国和日本是越南纺织服装业的三大外商直接投资来源国（见表 7 - 9）。

表 7 - 9　　　　　主要对口方许可的外商直接投资项目

（截至 2017 年 12 月 31 日已经生效的项目）

国家	项目数	注册资本总额（百万美元）
中国	1817	12023
泰国	489	9288.7
老挝	9	92.5
柬埔寨	19	64.9
外商直接投资总流入量	24803	319613.1

国家	项目数	注册资本总额（百万美元）
韩国	6549	57861.7
日本	3607	49307.3

资料来源：http：//www. gso. gov. vn/default_ en. aspx？tabid＝776（2018 年 9 月 26 日）。

自 2000 年以来，大量外商直接投资流入越南的纺织服装业。投入越南纺织服装业的外商直接投资主要用于促进出口，为该行业的发展做出了重大贡献。2000—2012 年，澜湄国家没有投资者投资越南的纺织服装业，但在越南开始谈判新一代自由贸易协定之前，这些国家的外商直接投资开始流向越南的纺织服装业。但只有来自中国和泰国的外资企业对越南的纺织服装业进行直接投资。根据规划和投资部下属外商投资局的数据，2012—2016 年，越南纺织服装业吸引了近 50 亿美元的外商直接投资，涉及 228 个项目。中国是第三大资金来源国，总投资额达到 8.6 亿美元，涉及 26 个项目。2017 年，越南纺织服装业吸引外商直接投资 7.1663 亿美元，共开发项目 133 个，中国成为越南第二大外商直接投资来源国，总投资额达到 1.2185 亿美元，开发项目 24 个（见表 7－10）。

表 7－10　　　　主要对口方许可的直接投资海外项目

（截至 2017 年 12 月 31 日已经生效的项目）

国家	项目数	注册资本总额（百万美元）（＊）
老挝	196	4792.6
柬埔寨	168	2730.0
缅甸	78	1319.3
泰国	11	28.3
中国	20	15.5
总计	1047	19865.5

注：（＊）仅限越南本国投资者的资本；包括往年批准项目的追加资本。

资料来源：http：//www. gso. gov. vn/default. aspx？tabid＝716（2018 年 9 月 27 日）。

　　与此同时，越南政府鼓励企业增加对外直接投资。表 7-10 显示，澜湄五国中有三个国家位列越南海外直接投资的五大目的地，包括老挝、柬埔寨和缅甸（按价值排名，柬埔寨位列第三，按项目数排名，柬埔寨位列第二）。截至 2017 年年底，这三个国家占越南对外投资总额的 44.7%，共计 473 个项目。在 2018 年的前五个月里，越南投资了 24 个国家和地区，其中老挝是首选目的地，占越南对外直接投资总额的 43.4%；其次是柬埔寨和古巴，分别占17.5% 和 10.8%。不过，越南的对外直接投资主要集中在采矿和采石、农业、林业和渔业、信息和通信，而非制造业。一直以来，越南在澜湄地区乃至海外都没有对外直接投资项目。

　　另外，该地区的投资合作前景是光明的。越南与澜湄国家之间的投资关系主要是在东盟、大湄公河次区域经济合作机制（GMS）、伊洛瓦底江—湄南河—湄公河经济合作战略（ACMECS）、柬老越发展三角区等双边合作机制的框架内制定的。投资合作为国民经济的发展带来了许多机遇，受到了澜湄地区、东南亚和东亚各国的特别关注。该地区各国为改善国内营商和投资环境做出了全面的努力，以促进资本的流入和流出，以及相互之间的投资，通过区域一体化合作促进经济发展。根据世界银行集团发布的《2019 年营商环境报告》，越南在提高营商环境质量（如"注册企业"流程、纳税和执行合同）方面取得了显著进展。与澜湄地区其他国家相比，越南的营商简易度次于泰国和中国（见表 7-11）。

表 7-11　　　　　　　　　　　澜湄国家的营商简易度排名

国家	排名（1—190 位）	到边境的距离（0—100 千米）		改革次数	
	2018 年营商环境报告	2017 年营商环境报告	2018 年营商环境报告	2017 年营商环境报告	2018 年营商环境报告
中国	78	64.89	65.29	2	2
泰国	26	71.76	77.44	3	8

国家	排名 （1—190 位） 2018 年营商环境报告	到边境的距离 （0—100 千米） 2017 年营商环境报告	2018 年营商环境报告	改革次数 2017 年营商环境报告	2018 年营商环境报告
老挝	141	52.58	53.01	2	0
柬埔寨	135	54.24	54.47	1	0
缅甸	171	43.91	44.21	2	2
越南	68	65.08	67.93	3	5

资料来源：世界银行（2018 年），《2018 年营商环境报告：改革以创造就业机会》，可登录以下网址获取：www. doingbusiness. org。

2. 贸易

近年来，越南与其他澜湄国家的贸易关系大大加强。如图 7 - 19 所示，中国是越南在进出口方面最大的贸易伙伴。越南在与中国的贸易中一直处于逆差状态，而且近年来贸易逆差仍在不断扩大。原因如下：第一，越南严重依赖从中国进口的原材料来支持纺织服装业等出口导向型行业；第二，中国对外直接投资加速流向越南。越南有很多大型项目由中国承包商实施，供应商和转让技术等都由中国承包商进行决策。

在澜湄地区，泰国是越南的第二大贸易伙伴。2010—2016 年，泰国纺织服装业从越南进口的总额占越南出口总额的 2%，泰国纺织服装业对越南出口的总额占越南进口总额的 5%—6%，而这两项数字对于中国而言分别为 10% 和 25%。老挝、柬埔寨和缅甸仍是越南的较小的贸易伙伴国，不过近年来贸易量一直在增加。

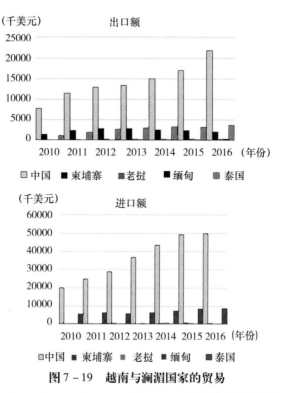

图 7-19　越南与澜湄国家的贸易

资料来源：https：//www. trademap. org/Index. aspx （2018 年 6 月 10 日）。

　　过去几年中，越南与澜湄国家之间的纺织服装进出口贸易额取得了重大的进步。中国和泰国是越南纺织服装业的主要贸易伙伴，特别是中国，在两国贸易中纺织品和服装进出口占比最高（在10% 以上）（见表 7-12）。2013—2016 年，越南对中国的纺织品和服装出口额增长了近 2 倍，越南从中国的进口额增长了 1.4 倍。越南纺织品和服装出口额的快速增长主要是因为：借助跨太平洋伙伴关系协议（TPP）提供的机会，外商直接投资不断流入越南纺织服装业。与越南纺织服装业的最大投资国韩国相比，同一时期越南对韩国的出口额增长了 5.4 倍，进口增长了 2.26 倍。越南对韩国的出口总额高于其对中国的出口总额，对韩国出口的主要产品是纺织品和服装，而对中国出口的主要产品是原材料。

表7-12　　　　　　　越南与澜湄国家之间的纺织品和

服装贸易（HS50—HS63）①　　　　　　单位：美元

		2013年		2014年		2015年		2016年	
		进口	出口	进口	出口	进口	出口	进口	出口
中国	价值	5067865	1331163	6116830	1827491	6773035	2148554	7162975	2587324
	百分比（%）*	14	10	14	12	14	13	14	12
柬埔寨	价值	9106	198411	13467	205120	22969	282898	22663	320007
	百分比（%）	2	7	2	8	2	12	3	15
泰国	价值	444218	156834	419415	179288	404142	180600	398370	202546
	百分比（%）	7	5	6	5	5	6	4	5
老挝	价值	855	14202	1960	16174	247	14776	32	17208
	百分比（%）	0	3	0	3	0	3	0	4
缅甸	价值	574	14307	6	15544	178	17205	584	23203
	百分比（%）	0	6	0	5	0	5	0	5

注：＊纺织服装业进出口额在国家进出口总额中的占比。

资料来源：作者根据 www. trademap. org（2018年9月30日）的数据整理得出。

3. 企业层面：纺织服装工业园区

越南与入驻工业园区的纺织服装工厂/公司一道，在全国建立了纺织服装特种工业园区，如兴安省的浦诺纺织和服装工业园（Pho Noi textile and clothing Industrial Park），南定省的黎明纺织工业园（Rang Dong Textile Industrial Park）、同奈省的仁泽纺织服装工业区（Vinatex Tan Tao Industrial Park）、平阳省的平安纺织服装工业园（Binh An textile and clothing Industrial Park）和承天顺化省的丰田纺织服装辅助工业园（Phong Dien textile and clothing Supporting Indus-

---

① 参见本章附表。

trial Park）。这是纺织服装业吸引投资者的一种很好的模式，依托良好的地理位置、政府的优惠税收政策，以及良好的基础设施，来发展纺织服装业。例如，黎明纺织工业园是一个大型高科技纺织服装产业园区，拥有贯穿纺织服装业上下游的供应链，从纱线一直到服装制造（包括纺纱、梭织、车缝和染色），提供原材料、配饰和最终产品。黎明纺织工业园位于日河（Day River）与宁科河（Ninh Co River）之间，且靠近大海，水资源充足，可以满足印染环节的用水需求。而且该工业园区还配备了符合较高环保标准的废物处理系统。这是发展染色工业的有利条件，因为由于担心染料污染，政府一直不愿发展染色工业。目前，黎明纺织工业园已经吸引了越南国家纺织服装集团（Vinatex）、联泰控股有限公司（从事服装业务）和佛山市三水佳利达纺织染有限公司（从事纺织业务）等主要投资者，投资总额达到 4 亿美元（后两者为中国公司），并计划吸引盖普（Gap）、优衣库（Uniqlo）、伊藤忠商事株式会社（Ito-chu）等知名品牌入驻。

在澜湄合作方面，已经有外国纺织和服装公司入驻越南的工业园区；不过大都是中国和泰国公司，例如，南定省宝明工业园区的江苏裕纶纺织集团有限公司、广宁省海宁工业园区的天虹纺织集团、同奈省隆庆工业园区的南洋纺织，以及安江省平和工业园区的东方服装。前两家是中国公司，后两家是泰国公司。柬埔寨、老挝和缅甸没有在越南成立纺织品和服装公司，反之亦然，这表明这些国家纺织服业之间的联系还很薄弱。

越南在与中国、老挝和柬埔寨接壤的 21 个省/市建立了一些口岸经济区。与工业园区类似，预计这些口岸经济区将为纺织服装业的区域合作提供大好机会。以莫克拜口岸经济区（Moc Bai BGEZ）为例，尽管它在过去几年里效率低下，但它位于"横跨亚洲之路"（起自缅甸，途经泰国、柬埔寨、老挝、越南，最后终止于中国）和"东西方走廊"之上，所以有望成为连接沿线五个国家纺织服装业的理想宝地。

（二）越南纺织服装业在澜湄国家中的优势和劣势

1. 优势

（1）劳动力

越南人口众多，而且仍在不断增长，人口结构处于黄金时期，其中60%以上的人口处于工作年龄。此外，越南拥有全球知名的廉价劳动力，是出口制造业的理想宝地，尤其适合纺织服装业等劳动密集型产业。在澜湄国家中，越南的纺织服装业的劳动力成本低于邻国柬埔寨和中国，但最低工资高于老挝和缅甸，位于中等水平。需要注意的是，尽管中国是世界上人口最多的国家，但其劳动人口自2011年以来每年都在下降。

此外，如上所述，越南纺织服装企业的主要优势在于裁剪、车缝、整熨（CMT）模式下的裁剪和车缝环节。CMT是增值链上劳动密集程度最高的三个环节。越南和中国在纺织品和服装生产方面都具有劳动力优势，但越南在裁剪和车缝的成本方面优于中国。由于生产成本相对较低，且劳动密集型外包产品在全球市场上具有极高的价格竞争力，因此越南的纺织服装业对外国投资者具有极大的吸引力。因此，由于越南的CMT成本更低，流入纺织服装行业的外商直接投资正从中国向越南转移（见表7-13）。

表7-13　　　**越南与中国使用CMT模式制作Polo衫的生产成本对比**　　　　　　单位：美元

	中国	越南
CMT 成本	0.33—0.71	0.39—0.55
CMT 平均成本	0.52	0.47

资料来源：Ha Thi Lien：《利用宏观金融工具提升越南出口导向型服装业的竞争力》，博士学位论文，2018年。

然而，从长远来看，低工资和廉价的劳动力成本可能会导致越南不再具有竞争优势。纺织服装业大部分的就业增长都来自半技术工人和频繁跳槽的农民工。这表明该行业未来可能会出现劳动力流动率较高和劳动力成本增加的问题。

（2）市场

越南的纺织服装业以出口为主，这就对扩大和利用出口市场提出了更高的要求。在过去的 20 年里，自由贸易协定为开放了出口市场并提供关税减免的贸易伙伴带来了诸多好处。有证据表明，纺织服装业的贸易活动是由自由贸易协定推动的。例如，越南和韩国之间的自由贸易协定就为越南向韩国出口纺织品和服装做出了巨大贡献。协定生效一年后，越南对韩国的纺织品和服装出口额在 2016 年跃升至 26 亿美元，同比增长 9.5%，2017 年又升至 29 亿美元，同比增长 11.8%。同样，东盟经济共同体的建立有利于越南向东盟市场出口纺织品和服装，纺织品和服装出口额从 2015 年的 10 亿美元激增至 2017 年的 13.5 亿美元。得益于东盟—中国自由贸易协定和中越两国的谅解备忘录，越南对中国的纺织品和服装出口呈现大幅增长，从 2015 年的 22 亿美元增至 2017 年的 32 亿美元[1]（见表 7 - 14）。

表 7 - 14　　　　　　澜湄地区的自由贸易协定及市场数量

国家	自由贸易协定数		国家/地区数	
	已签订	协商中	已签订	协商中
中国	18	10	23	18
泰国	15	8	18	38
越南	12	4	24	32
老挝	9	1	17	0
缅甸	8	2	16	5
柬埔寨	7	1	15	0

资料来源：笔者根据 https：//aric. adb. org/fta - country 的数据整理得出。

---

[1]　越南工业和贸易部（2018）。《扩大纺织服装业的优势》，可登录以下网址获取：http：//baocongthuong. com. vn/phat - huy - loi - the - nganh - det - may. html。

截至 2018 年 6 月，越南已签署 12 项自由贸易协定，且正在与日本、欧盟、欧洲自由贸易联盟、韩国和中国等世界各主要贸易伙伴进行四份新协定的谈判。加入贸易协定，尤其是新一代的自由贸易协定，为越南出口商"走出去"和进入更广阔市场（包括外国市场和新市场）打开了大门。在澜湄国家中，越南是唯一一个同时与美国签署了双边贸易协定、加入了《全面与进步跨太平洋伙伴关系协定》（11 个签约国）且正在与欧盟就自由贸易协定开展谈判的国家。如表 7 - 14 所示，虽然与中国和泰国相比，越南已经签订或者正在谈判中的自由贸易协定数量较少，但越南和泰国在其出口商拥有或将有机会进入的市场数量方面并列首位。需要注意的是，一旦与欧盟的自由贸易协定和《全面与进步跨太平洋伙伴关系协定》生效，越南可能会继续扩大其出口市场，并发展成为贸易和投资中心，成为本地区国家与世界上最强大的经济体之间联系的桥梁。

（3）连通性

地理位置是越南的一大竞争优势，尤其是该国靠近世界上最重要、最繁忙的贸易路线，以及东亚的主要市场。这种区位优势便于越南与世界各地的合作伙伴开展贸易。在澜湄地区，越南北接中国，南临柬埔寨，中、北部与老挝接壤。通过老挝可前往缅甸，通过柬埔寨可前往泰国。依托良好的地理位置，越南与澜湄地区其他五国相互连通，而且可以很方便地进入国际市场。

此外，在过去几年里，越南政府还推出了一系列交通基础设施发展计划和政策，来改善该国的基础设施能力和物流服务，越南的道路、桥梁、铁路、机场和海港等交通基础设施已经得到升级和新建。

对于纺织品和服装出口而言，越南的主要运输方式包括公路、铁路（与中国连通）、海港和多式联运（其余国家）。越南有 49 个海港，其中包括 10 个大型港口，是开展国际贸易的黄金宝地。最大的三个港口分别位于海防市、岘港市和胡志明市，将工业区生产的出口产品与全球买家联系起来，特别是中国大陆、中国台湾、韩国、日本和欧盟等主要贸易伙伴。此外，越南积极与邻国开展运输合作。就中国而言，昆明—老街—河内—海防高速公路于 2015 年

开通，连接越南与中国、中亚和欧洲的黄金物流走廊，即南宁—谅
山—河内—海防高速公路以及海防—下龙—云屯—芒街—萍乡高速
公路，预计将于 2020 年开通。同样，柬埔寨和越南政府已同意共
同投资连通胡志明市—金边的公路，从越南的盖梅—施威港经柬埔
寨金边直通泰国。就老挝而言，越南和老挝政府决定修建河内—万
象高速公路，公路穿过老挝的帕克桑和越南的义安省，连通两国首
都，且有望扩展到泰国的曼谷和缅甸的内比都。

除了大湄公河次区域三条经济走廊框架内的交通合作外，近年
来越南实施了多项基础设施发展计划，来加强与澜湄地区和全球各
国之间的互联互通。越南政府批准了一项总额为 9.21 亿美元的投
资计划，其中一部分用于建设新的公路，以加强八个工业区之间的
互联互通。

此外，近年来，越南的物流业发展迅速。《2017 年世界银行报
告》显示，越南的国家物流绩效指数较高，在澜湄国家中也仅次于中
国和泰国。这一成就应归功于越南的清关流程改革，特别是在全国范
围内引入"一站/一窗"系统，通过缩短清关时间、提高服务质量等
方式提高清关的效率。这些改革措施使得越南成为具有吸引力的外商
直接投资目的地，同时也加强了其与其他澜湄国家的贸易关系（见
表 7 - 15）。

表 7 - 15　　　　　　　　　物流绩效指标

国家	2010 年	2012 年	2014 年	2016 年
中国	3.5	3.5	3.5	3.7
柬埔寨	2.4	2.6	2.7	2.8
老挝	2.5	2.5	2.4	2.1
缅甸	2.3	2.4	2.2	2.5
泰国	3.3	3.2	3.4	3.3
越南	3.0	3.0	3.2	3.0

资料来源：世界银行（2017），《世界发展指标》，可登录以下网址获取：http：//
databank. worldbank. org/data/reports. aspx？source = world - development - indicators#。

2. 挑战

（1）劳动力

越南纺织服装业劳动力的弱点如下：

首先，尽管劳动力大量涌入，纺织服装企业仍面临着工人短缺的问题，尤其是高附加值的梭织、染色、管理、设计和技术活动等高附加值的环节仍缺乏优质的人力资源。造成这一问题的原因有四点：第一，工人能力有限，难以满足企业质量要求；第二，工人组织纪律性较差；第三，工资似乎对熟练工没有吸引力；第四，教育和培训方面的差距。尽管染色和梭织业的劳动力需求很高，但提供该领域课程的教育中心数量仍然很少。全国提供有关梭织、染色技术，以及缝纫和时装设计课程的教育机构包括19所大学、19所专业学院和3所培训机构，而毕业生只能满足市场约15%的劳动力需求。一些企业派遣人员到韩国、意大利参加以先进的染色和梭织技术和技能而闻名的培训项目，努力培养工人的染色和梭织技能。然而，项目结束后，由于现代技术的缺乏，这些人员无法向公司其他人提供培训。

其次，越南的劳动生产率在东南亚国家中仍然属于最低的一档。即使与老挝等同地区的竞争对手相比，越南制造业的劳动生产率也相对较低。越南制造业的生产力指数仅有2.4，而中国和印度尼西亚的生产力指数分别为6.9和5.2。越南统计总局局长Nguyen Bich Lam先生表示，导致越南劳动生产率低下的原因有很多，包括劳动技能、工作环境和辅助技术（越南国家纺织服装集团，2018年）。

最后，越南纺织服装业目前的最低工资低于老挝和缅甸；但是可能很快就会增加。一旦发生这种情况，纺织服装业的外包订单将转移到成本较低的国家。

（2）政策约束

越南纺织服装业发展的一大障碍是体制上的缺陷：

首先，尽管越南政府已于2016年批准了《服装纺织业发展2020年计划及2030年愿景》，但是具体计划的实施路径似乎还不明确。这就导致了价值链各环节发展的不平衡，有很大一部分企业专注于服装生产，而非上游价值链中最薄弱的环节——梭织和染色。近年来，出口型服装生产企业数量不断增加，而梭织、印染企业数量却很有限，染色环节出现瓶颈。

其次，纺织服装业配套产业战略发展规划的实施仍存在争议。许多企业反对投资竞争力较弱的领域，如设计、梭织和染色。相反，他们主要从事全球服装价值链中最易操作的环节，例如 CMT 模式下的车缝环节（65%），而面料和设计则由国外提供。越南纺织服装业使用的原材料中有 80% 是从中国大陆、中国台湾、韩国、印度和日本进口的，也就是说，越南严重依赖外国供应商，而且在产品定价方面非常被动。因此，越南出口的产品可能无法满足自由贸易协定中的本地内容要求（例如跨太平洋伙伴关系协议中的"纱后"规则），而且越南出口服装的附加值仍然很低。

最后，越南的纺织服装企业受到政府政策的制约，特别是政府政策经常朝令夕改，而且相互重叠。

税收壁垒：为了说明与纺织服装产品有关的各种税收壁垒，我们以进口涤纶短纤为例。涤纶短纤是纺织服装行业的重要原材料。越南每年从中国台湾、中国大陆和一些东南亚国家进口 25 万—30 万吨涤纶短纤。前几年，原材料进口税率为零；然而，截至 2015 年年底，越南财政部与工业和贸易部共同决定，根据越南石油石化和纺织纤维股份公司（PVTEX）资助的亭武（Dinh Vu）涤纶厂（越南第一家涤纶短纤制造厂，成立于 2014 年 5 月）提议，将涤纶短纤的进口税从零增加到 2%，来保护国内生产厂家，特别是亭武涤纶厂。有意思的是，经过 3—5 个月的经营，亭武涤纶厂因价格昂贵但产品质量低劣而倒闭。在这种情况下，有人建议将涤纶短纤的进口税降至零，但政府未予接受。最后，中国台湾公司、越南唯一的涤纶短纤制造商——台塑集团（FORMOSA）成为最大的赢家。与此同时，亭武涤纶厂已经出售给外国合作伙伴，而国内企业仍需缴纳 2% 的涤纶短纤进口税。

行政程序壁垒：根据第 49/2015／TT－BCT 号通知，出口加工活动的生产许可证先要得到国防部或公安部的意见，再由工业和贸易部审批。这一规定导致出口加工企业的等待时间延长，从而延长了交付时间。

工资改革壁垒：越南的最低工资每年都在调整，最终将会对纺织服装业的企业和劳动力造成伤害。最低工资的调整通常与生产成本的上升同步，因为工资调整意味着劳动力成本以及企业的社保和工会费用等负担上升，而劳动力成本占服装出口加工成本的72%—78%。此外，企业需要时间来平衡劳动力成本与其他费用，如资产折旧、电费、物流费、进出口成本等。根据日本贸易振兴机构2018年的调查，目前越南的劳动力成本远远高于该地区其他国家，如柬埔寨、老挝、缅甸，甚至高于菲律宾和印度尼西亚。因此，一些外商直接投资企业正试图推动自动化以降低劳动力成本，但自动化可能导致大规模的失业。

与劳动相关的法规：《2012年劳动法》中包含大量与加班、遣散费，职业安全和劳动纪律等有关的不合理规定。这些规定给企业带来了诸多困难；但截至2019年，"劳动法"的修订一事一直被搁置。同样，《社会保险法》也存在许多问题，如社会保险缴款条例、享受养老金的条件和失业救济金等。自2009年以来，社会保险缴款增加了7.5%，其中雇主缴款增加了4%，包括3%的社会保险和1%的健康保险；员工缴款增加了3.5%，包括3%的社会保险和0.5%的健康保险。在社会保险缴费方面，越南在114个被调查的国家中排名第四十四位，在亚洲29个国家中排名第五位，在九大纺织服装生产竞争对手中排名第二位。

（3）交通

尽管越南正在大力发展交通，但越南的交通基础设施仍存在严重缺乏的问题，交通网络（包括公路、高速公路、铁路、海港和机场）仍存在拥堵问题。《世界经济论坛报告》（2017年）关于全球竞争力的章节中指出，在整体基础设施指标的质量方面，越南在138个国家中位列第八十九位，而中国和泰国分别位列第四十六位和第四十三位。与中国和泰国相比，越南在所有具体指标（包括公路、铁路、港口和机场的质量）上均表现不佳，甚至在某些指标上还不如老挝和柬埔寨。

随着城市化和经济的快速发展，国际一体化以及自由贸易协定都提出了更高的互联互通要求，而在这方面，越南交通基础设施的数量和质量都远远无法满足。与此同时，预计互联互通网络将在不久的将来达到其最大运力，到 2040 年，越南也许只能满足其基础设施需求的 83%。虽然越南迫切需要实现全国运输网络的现代化，但由于财务问题，越南在改善运输基础设施方面存在巨大的投资缺口（见表 7 – 16）。

表 7 – 16　　　　　　　　　　澜湄国家基础设施情况排名

指标	越南	中国	泰国	柬埔寨	老挝
基础设施总体质量	89	46	43	106	102
公路基础设施质量	92	42	59	99	99
铁路基础设施质量	59	17	72	94	N/A
港口基础设施质量	82	49	63	81	127
航空基础设施质量	103	45	39	106	101

资料来源：笔者根据世界经济论坛及《2016—2017 年全球竞争力报告》的相关数据整理得出。

（4）其他

除了上述障碍外，越南的纺织服装业也面临着诸多新挑战。

首先，新签订的自由贸易协定有望推动越南纺织服装业的增长；不过同时也带来了许多挑战，尤其是"原产地规则"引起的相关问题。在《全面与进步跨太平洋伙伴关系协定》和《越南—欧盟自由贸易协定》正式生效之后，向签约国出口产品的越南纺织服装企业可能会享受优惠待遇，而这些企业目前进口的原材料占 80%。

其次，越南的纺织服装企业与来自印度、孟加拉国和巴基斯坦的企业竞争激烈。目前，在这些国家，政府采取支持纺织服装公司的政策。例如，在孟加拉国，企业所得税从 35% 降至 20%，亚麻和氨纶纤维的进口税从 10% 降至 5%，化学品和染料的进口税从 25% 降至 15%；巴基斯坦为用于纺织品和服装出口的原材料和能源，以及机械和设备的进口提供免税政策。在印度，某些纤维和纱线的进口税从 5% 降至 2.5%。

第四节　政策建议

（一）国家层面

1. 给政府的建议

首先，在招商引资方面，政府应该出台一定的激励措施，吸引国内外投资者投资梭织、染色、车缝和整理等环节。梭织和染色项目在经过经济、社会和环境影响评估，并得到越南规划和投资部、自然资源和环境部及科技部下属的技术评估考核评价厅审批后，各省市的地方主管部门应当授予经营许可证。梭织和染色行业的发展不仅有利于越南企业进入更高附加值的细分市场，而且还增加了产品的本地特色，有助于满足双边和多边自由贸易协定中"原产地规则"的要求。

其次，关于企业政策，政府应考虑做出以下修改：

第一，免除涤纶短纤进口税（从 2% 降至零），以降低生产成本，提高企业竞争力。

第二，最低工资应每两年或每三年审查和调整一次。此外，政府应重新考虑第 49/2013 / ND – CP 号令，详述《劳动法》中有关工资的若干条款，并规定：最低工资不应作为制定工资量表和表格上最低工资水平的依据。雇主有责任向雇员支付不低于最低工资的薪酬，并赋予雇员自行选择薪酬结构的权利，以鼓励雇员，达到提高劳动生产力和效率的目的。

第三，为企业（特别是中小企业）获取信贷资源创造有利条件。信贷对于企业扩大生产规模和升级技术发挥着重要作用。然而，由于银行和金融机构设置的障碍，例如贷款程序复杂、利率高、抵押品不足以及没有/缺乏企业/财务记录信息等，大多数中小企业在资本评估方面面临诸多困难，因此，他们通常需要依靠朋友和家人的非正式贷款。

最后，关于劳动政策，政府应当采取以下措施：

第一，加快修订和补充 2012 年《劳动法》。纺织服装业是劳动密集型行业，主要劳动力是女性（占总数的 80% 以上）；然而在她们中间，低工资、加班和延长工作班次属于普遍现象。任何与工资和奖金相关的变动都有很可能引发负面反应，更严重的，会引发企业主和员工之间的冲突。因此，修订《劳动法》有助于保障工人权利，同时明确企业义务，减少工作场所发生纠纷和冲突的可能性。

第二，注重人力资源和劳动力素质的培养。在越南的纺织服装业中，仍有很大一部分并非熟练工，主要从事裁剪、车缝和整熨。同时，企业在设计、染色和整理等环节存在工人短缺的问题，大多数企业需要以极高的成本聘请外国专家和技术人员。有鉴于此，政府应大力支持纺织服装业（特别是设计、梭织、染色、整理、出口、营销和分销等上游生产环节）的培训和教育活动。这样一来，企业便可以增加其在全球和区域纺织服装价值链中的附加值，还可以为新的工业革命做好充分准备［根据第 16 / CT - TTg 号"关于加强进入第四次工业革命的能力"的指令（2017 年 5 月 4 日）］。

第三，根据行业规模和实际需要，建立长期规划，设立专门从事梭织、染色、车缝和时装设计的教育和培训中心。此外，这些机构应加强与企业之间的联系，制订适当的培训计划，缩小培训成果与企业要求之间的差距。教育培训机构还应加强职业导向型课程的开发和学生能力的评估，以吸引来自纺织服装业的人才。

2. 给企业的建议

第一，企业应对主要服装市场（包括供应链和营销渠道等）进行仔细调查。这样一来，企业便可以找到具有竞争优势和潜力的细分市场，然后制定相应的长期战略。

第二，各个企业，特别是中小企业，应与大企业和外商直接投资企业建立并保持密切联系，了解其需求和生产差距，继而开发出适当的产品。在此基础上，中小企业可以加入生产网络并参与全球供应链。

第三，企业应注重时装设计细分市场的发展，特别是新产品的设计过程，创造出独一无二、差异化、现代化且高端的产品。从这个意义上讲，企业应加强纺织服装业的合作，例如，促进与外国设计专家在设计领域以及时装设计培训项目上的合作。重要的是，企业应该投资建立高素质设计师培训中心。

第四，企业应建立分销网络，鼓励贸易促进活动。显然，越南服装企业应该在人力资源和融资方面加强合作，而越南纺织服装协会可作为协调中心。主要目标是参加国际贸易展览会，推荐越南知名品牌及其承接国外客户订单生产的优质产品。在这方面，越南企业可以直接与零售商打交道，而无须通过中介机构。此外，企业应制订营销计划，参加国际贸易展览会，提升它们在潜在买家中的知名度。

第五，企业应仔细研究新的自由贸易协定，包括自由贸易协定的要求和例外情况，并为员工提供培训，普及与新自由贸易协定相关的知识。

第六，企业应加强与越南纺织服装协会、越南棉纺织协会、越南工商会和中小企业协会的联系，以获取最新的行业信息。

（二）澜湄合作

1. 新机制的设计

澜湄六国政府可考虑在北京设立一个政府间机构，以便从中协调，该机构直接与澜湄国家政府合作，负责处理与该地区纺织服装业发展有关的问题。该政府间机构可由一个理事会、一个联合委员会和一个秘书处组成（其任务和职能类似于湄公河委员会）。理事会可以由澜湄地区各个国家的部长级或内阁级成员组成。理事会的职能是制定政策、决策，并提供与促进、支持、合作和协调相关的指导方针，促进整个地区纺织服装业的发展。在理事会和联合委员会的指导下，秘书处可以负责收集该地区纺织服装公司的信息，并在成员经济体之间进行分享，例如，指出各国纺织服装业需要优先投资的领域（染色和梭织、时装设计或技术等）；为投资者指明适当的投资地点，因为项目被否决定未必是因为环境问题，还可能是因为地点不合适；建立纺织服装公司清单，包括原材料供应商、进口商和零售商，以及原材料价格（每周更新）；更新澜湄国家签订的自由贸易协定；说明签约的好处和坏处（如"原产地规则"），并提供必要的指导。

这种合作机制可以是为各国政府服务的政策咨询机构，主要负责落实贸易促进项目，促进配套产业发展，改善纺织服装产品当地特色，建立纺织服装产业集群，以及加强国内企业与外商直接投资企业联系。处理澜湄地区所有国家遇到的问题。

此外，该政府间机构可以作为研讨会、会议和培训的举办地点，区域经济体可以在这里分享经验，并评估其企业参与全球纺织服装价值链的情况，特别是参与低附加值环节的情况。通过会议和研讨会，企业可以找到动力和途径，实现从 CMT 模式到 FOB/OEM 模式生产的过渡，提供一条龙服务，打造公司品牌等。

2. 提升企业能力

本地区的企业正在努力克服纺织服装业面临的诸多困难。困难主要来自资本和熟练劳动力等因素，这些因素阻碍了纺织服装业实现高附加值。大多数企业都参与了技术含量较低的环节，如裁剪—车缝—整熨（越南、老挝），裁剪—车缝—包装（缅甸），泰国除外，因为泰国的模式十分接近 OEM。有鉴于此，有必要促进区域和国家层面的合作活动，尤其是：

第一，加大对纺织部门的投资，尤其是对现代技术应用的投资。技术不仅有助于企业更好地提供原材料，还可以为服装产品创造更高的价值。此外，企业应遵守环保法规，更重要的是，选择合适的投资地点，争取项目早日获批。

第二，重点投资教育和培训中心，以及时装设计中心。湄公河流域国家正面临着熟练劳动力短缺的情况，特别是纺织业内能够熟练使用高自动化机器的劳动力。

第三，通过培训计划、经验交流和现场工作等提升纺织服装企业的员工能力。能力建设是企业应对第四次工业革命的关键所在。

第四，通过研讨会、论坛，以及原料供应商与纺织服装公司之间、服装公司与服装进口商/零售商之间、承包商与知名时尚品牌之间的对话，促进纺织服装企业在区域和国家层面建立联系。

3. 基础设施升级

政府应鼓励公共和私人投资者投资硬件基础设施，如（边境）仓库、交通基础设施（跨境高速公路、铁路、海港和机场），来连接工业区、口岸经济区和港口等。

澜湄国家的大多数纺织服装工厂都位于城市地区，以便利用劳动力和基础设施，但是，当劳动力优势不再存在时，政府需要考虑将这些工厂转移到新的地区以利用劳动力等优势，例如，口岸经济区、山区和偏远地区等。

附表	产品编码
编码	标签
HS50	丝绸
HS51	羊毛、动物细毛/粗毛；马毛纱线和梭织面料
HS52	棉花
HS53	其他植物纤维；纸纱线和纸纱线梭织面料
HS54	人造长丝；人造纺织材料制作的条带等
HS55	人造短纤维
HS56	填充用材料、毡呢、无纺布；特种纱；合股线、绳索、缆绳及由其制成的电缆和物品
HS57	地毯及其他纺织品地板覆盖物
HS58	特种梭织面料；簇绒纺织面料；花边；挂毯；下脚料；刺绣
HS59	浸渍、涂层、覆盖或层压的纺织面料；相关的纺织制品
HS60	针织或钩编面料
HS61	针织或钩编的服装和配饰
HS62	非针织或钩编的服装和配饰
HS63	其他成品纺织品；套装；旧衣服和纺织品；碎布

参考文献

Asian Development Bank, "Inclusive Textile and Clothing: Mapping Inclusive Business Opportunities in the Textile and Clothing Sector in Asia", Inclusive Business Sweden, 2016.

Bargawi, Omar, "Cambodia's Garment Industry: Origins and Future Prospects", Overseas Development Institute: London, UK, 2005.

BSR, "Shaping a Sustainable Garment Sector in Myanmar. Key Opportunities Built on the Local Context", 2014.

Business Innovation Facility, "BIF Burma (Myanmar): Garments. Market Analysis and Strategy", 2016.

Calabrese, L., "Foreign Direct Investment and Economic Transformation in Myanmar – The Role of the Garment Sector", Event Report by Supporting Economic Transformation (SET), 2017.

Cambodia Airport, "All Destinations | Phnom Penh", 2018, https://pnh. cambodia-airports. aero/en/airlines-destinations/all-destinations.

CBI, Ministry of Foreign Affairs, "Supply Potential of the Garments Sector in Myanmar", 2017.

Central Statistical Organization (CSO), "Statistical Year Books. Ministry of National Planning and Economic Development", Union of Myanmar.

Deutsche Gesellschaft für Internationale Zusammenarbeit (GIZ) GmbH, "Social and Labour Standards in the Textile and Garment Sector in Asia", 2018.

El-Shahat, Samah and Violante Di Canossa, "Opportunities for Sustainable Development in Global Value Chains: A Case Study of the Myanmar Garment Sector", International Centre for Trade and Sustainable Development (ICTD), Geneva, 2018.

European Commission, "Commission Staff Working Document: Sustainable Garment Value Chains through EU Development Action", 2017.

Gereffi, Gary, and Stacey Frederick, "The Global Apparel Value Chain, Trade and the Crisis: Challenges and Opportunities for Developing Countries ", 2010, https://elibrary.worldbank.org/doi/pdf/10.1596/1813-9450-5281.

Gugnani, A and Y. Lalit Kuma, Opening the Door. Opportunities and Challenges for the Garment Industry in Myanmar. An Outlook published by Technopak, 2013.

Hong Kong Trade Development Council (HKTDC) Research, "Myanmar Rising: The Garment Sector Takes Off", 2016.

ICRA Management Consulting Services Limited (IMaCs), "Study on Enhancing Export Competitiveness in the Textile Sector for the Ministry of Textiles", Final Report, Vol. 4.0, 2016.

Institute of Developing Economies Japan External Trade Organization, "Industrial Development in Myanmar: Prospects and Challenges", edited by Toshihiro Kudo, 2001.

International Labor Organization (ILO), "Employment and Wages in Myanmar's Nascent Garment Sector", Asia-Pacific Garment and Footwear Sector Research Note, Issue 6, November, 2016.

International Labour Organization (ILO), "Myanmar Garment Sub-Sector Value Chain Analysis", 2015.

IRITWG Secretariat, "Overview on Transport Infrastructure Sectors in the Kingdom of Cambodia", Phnom Penh: Ministry of Public Works and Transport, 2010.

Kagami, "BRC Research Report No. 5", Bangkok Research Center,

IDE-JETRO, Bangkok, Thailand.

Kojima, E., "Myanmar's Intermediate Goods Trade and Industrial Development: A Case Study of the Garment Industry", *Intermediate Goods Trade in East Asia: Economic Depending Through FTAs/EPAs*, edited by Mitsuhiro, 2011.

Kudo, T., "How has the Myanmar Garment Industry Evolved?", *Dynamics of the Garment Industry in Low-income Countries: Experience of Asia and Africa (Interim Report)*, edited by Takehiro Fukunishi, Chapter 8, IDE-JETRO, 2012.

Kudo, T., "Location Advantages and Disadvantages in Myanmar: The Case of The Garment Industry", Institute of Developing Economics (IDE) Discussion Paper No. 203, 2009.

Kyaw, M. and T. Kudo, "Upgrading and Diversification of Industrial Structures in Myanmar: Prospects and Challenges", In Banomyong, R. and M. Ishida (eds.), *A Study on Upgrading Industrial Structures of CLMV Countries*, ERIA Research Project Report 2009 – 7 – 3, Jakarta: ERIA, 2010.

Michaely, Michael, "Trade Preferential Agreements in Latin America: An Ex-Ante Assessment", Policy Research Working Paper 1583, Washington DC: The World Bank, 1996.

Min Aung and Kudo, "New Government Initiatives for Industrial Development in Myanmar", In *Economic Reforms in Myanmar: Pathways and Prospects*, edited by Hank Lim and Yasuhiro Yamada, BRC Research Report No. 10, Bangkok Research Centre, IDE-JETRO, Bangkok, Thailand, 2012.

Ministry of Economy, Trade and Industry, "Myanmar Industrial Development Vision. Next Frontier in Asia: Factory, Farm, and Fashion", 2015.

Myanmar Garment Manufacturers Association (MGMA), "Myanmar Garment Industry. 10 – Year Strategy 2015 – 2024", 2014.

Myanmar Textile Manufacturer's Association（MTMA），2016.

Myanmar Textile Manufacturers' Association（MTMA），"Strategic Planning Workshop Report"，2018.

Myint Myo Myo and R. Rasiah，"Foreign Capital and Garment Export from Myanmar：Implications for the Labour Process"，*Institutions and Economies*，Vol. 4，No. 3，2012.

Progressive Voice，"Raising the Bottom：A Report on the Garment Industry in Myanmar"，2016.

Rimac，Tomislav，"Discovering Myanmar as a Manufacturing Myanmar"，Barcelona School of Management and ESCI-UPF，2014.

SMART Myanmar，"Export Promotion Guide for Myanmar Garment Manufacturers"，2015.

SMART，"Myanmar Introducing Sustainability to the Myanmar Garment Sector to Increase the Competitiveness of SMEs"，SWITCH-Asia Project TEXPROCIL，Garment Industry in Myanmar，2017.

Spinanger，Dean，and Samar Verma，"The Coming Death of the ATC and China's WTO Accession：Will Push Come to Shove for Indian T&C Exports?"，Kiel：Kiel Institute for World Economics，Mimeo，2003.

Taglioni，Daria，and Deborah Winkler，"Making Global Value Chains Work for Development"，The World Bank，2016，https：//doi. org/10. 1596/978 − 1 − 4648 − 0157 − 0.

The Institute for Human Rights and Business（IHRB），"Responsible Investment in Myanmar's Garment Sector"，International Labour Organisation（ILO），Geneva，2013.

UN DESA，"Least Developed Country Category：Cambodia Profile ｜ Development Policy and Analysis Division"，Development Policy and Analysis Division ｜ Dept of Economic and Social Affairs ｜ United Nations，28 December 2015，https：//www. un. org/development/desa/dpad/least-developed-country-category-cambodia. html.

United Nations Industrial Development Organization（UNIDO）and Ministry of Industry, the Republic of the Union of Myanmar, "Myanmar: Strategic Directions for Industrial Development, Summary of Industrial Development Strategy 2017", 2017.

World Bank Group, "Myanmar: Diagnostic Trade Integration Study (DTIS)", Opening for Business, 2016.

WTO, ed. , "A Practical Guide to Trade Policy Analysis", Geneva: World Trade Organization, 2012.